DES DIVERS

GOUVERNEMENTS

CONSIDÉRÉS

DANS LEUR RAPPORT AVEC LE BIEN-ÊTRE

DES POPULATIONS.

IMPRIMERIE DE FIRMIN DIDOT FRÈRES,
RUE JACOB, N° 24.

DES DIVERS
GOUVERNEMENTS

CONSIDÉRÉS

DANS LEUR RAPPORT AVEC LE BIEN-ÊTRE DES POPULATIONS.

PAR LE BARON MASSIAS,

ANCIEN CHARGÉ D'AFFAIRES DE FRANCE PRÈS LA COUR DE BADE, RÉSIDENT, CONSUL-GÉNÉRAL A DANTZIG.

Nulla placida quies est nisi quam ratio composuit.
Il n'y a de vraie stabilité que celle qu'a fondée la raison. (SÉNÈQUE, épît. 56.)

PRIX : 3 FRANCS.

PARIS,

CHEZ FIRMIN DIDOT FRÈRES, LIBRAIRES,

RUE JACOB, N° 24;

ET CHEZ DENTU, LIBRAIRE,

AU PALAIS-ROYAL.

1834.

AVERTISSEMENT.

Cette brochure forme un chapitre d'un ouvrage que nous nous proposons de donner incessamment au public, et qui a pour titre : *De l'Agriculture et de l'Industrie considérées dans leur rapport avec le bien-être des populations, et des moyens de conserver et d'accroître ce bien-être.* Nous avons cru opportun d'en publier séparément ce fragment dans un moment où les vrais principes politiques sont commentés en sens contraire et dénaturés par les divers partis.

Nous croyons (au moins tel a été notre dessein) avoir établi dans cet opuscule les titres de légitimité de l'établissement de la royauté du 7 août.

Dachstein (département du Bas-Rhin), 15 janvier 1834.

DES DIVERS

GOUVERNEMENTS

CONSIDÉRÉS

DANS LEUR RAPPORT AVEC LE BIEN-ÊTRE DES POPULATIONS.

Croire que de telle ou de telle forme de gouvernement résulte nécessairement le bien-être ou le malaise du peuple, est une aussi grande erreur que de penser que cette forme n'y contribue en aucune manière. Mais ce qui n'est sujet à aucune contestation, c'est que ce bien-être ou ce malaise tient essentiellement au sentiment de sécurité personnelle qui ne peut être produit que par la stabilité politique, et à la réalité de cette stabilité. La richesse ne provient que du travail et de la circulation des capitaux; les capitaux fuient et se cachent au bruit des perturbations populaires; le travail se ralentit ou cesse, et l'inquiétude générale, exploitée par les agitateurs, organise le mécontentement et la misère, dont elle accuse le gouvernement.

Portion de la génération qui a fait ou vu les dix révolutions à travers lesquelles a passé la France, qui en a ressenti l'action directe ou éprouvé l'influence secondaire, nous pouvons en rendre témoignage : 89, 93, le directoire, le consulat, le consulat à vie, l'empire, la restauration, les cent jours, la seconde restauration, 1830 enfin, nous ont emportés, roulés, ballottés, froissés, pressés, foulés de mille manières. En est-ce assez? Cette décalogie de drames suffit-elle à nos émotions? En faut-il un onzième? C'est ce que bientôt nous examinerons. Disons auparavant, pour qu'on ne nous croie point en opposition avec les institutions constitutionnelles dont nous jouissons, que nous nous sommes mêlé avec joie à la révolution de 89, à celle de 1830, et à ce que les autres avaient de bon (1); que ce que les excès qui en sont inséparables ont fait perdre au pays est facilement réparable au moyen de quelques années de tranquillité, tandis que ce dont elles lui ont procuré la conquête est d'un prix infiniment

(1) L'auteur, canonnier volontaire, a défendu *le fort des Bains* au commencement de la révolution, et il a fait les premières campagnes d'Italie avec le général Lannes, sous les ordres de Bonaparte.

supérieur, puisqu'elles ont opéré son entière émancipation, réhabilité par d'éclatantes revanches notre gloire militaire, et l'ont placé dans toute la dignité de la nature humaine. D'un autre côté, les capitaux qui ont été consommés ne l'ont point été en pure perte et sans profit pour la généralité des citoyens. Que de constructions, que d'entreprises, que d'usines, que d'améliorations l'emploi urgent du signe fugitif monétaire n'a-t-il pas produites! C'est à ce mouvement, en apparence désordonné, que la France doit les dix millions de propriétaires qui cultivent son sol, qui font sa force et sa richesse véritable, et à qui l'ordre est aussi nécessaire que la liberté.

Les dix bouleversements politiques que nous avons éprouvés, dont quelques-uns semblaient devoir anéantir la civilisation, ou du moins la reculer de plusieurs siècles, ont été progressifs.

89, plein d'enthousiasme pour la vérité et pour la justice, acheva de rompre les liens de la féodalité, proclama l'égalité de tous les Français, fondée sur l'égalité naturelle des hommes, et déposa dans la législation les germes de la philosophie du 18e siècle.

93, dans le délire d'une liberté irritée par les agressions extérieures, faisant de la hache du bourreau son instrument de gouvernement, cimenta la république avec du sang, se couvrit de crimes au nom de la vertu, maria sur l'échafaud la liberté à la terreur, fit connaître à la France ses forces en la décimant, et la sauva de l'étranger.

Mutilée et sanglante, aussi épuisée par ses victoires que par ses défaites, notre belle patrie trouva à se reposer et à se refaire dans la honteuse et cupide nullité du directoire.

Vint l'homme de la guerre, l'homme de toutes les gloires, le conducteur-né des peuples, le maître des rois, qui prit les rênes du gouvernement des mains de la victoire, s'incorpora la révolution, s'incarna dans le pouvoir, et cacha son ambition sous les manteaux consulaires de ses deux collègues.

Le consulat à vie donna plus d'unité et d'énergie à l'action du gouvernement, et fut une transition à l'hérédité.

La nation, forte, riche, agrandie, dominatrice, flattée d'être appelée *grande* par celui qui ne la nommait ainsi que pour se faire plus grand; dupe d'une égalité dont il tenait le niveau, qu'il élevait ou abaissait à son gré; sevrée de la liberté, se soumit au despotisme, qui ne lui apparaissait qu'à travers les rayons de gloire qui rejaillissaient sur elle, en lui laissant entrevoir dans le lointain le fantôme sanglant de l'anarchie menaçante et désarmée.

L'empereur, forcé de vaincre par cela même qu'il avait vaincu, ne sachant point, ou ne voulant point poser de bornes à son ambition, abusant de sa fortune, menaçant l'indépendance de tous les états, fatigua son étoile, et succomba sous les efforts réunis de l'Europe, plus étonnée de sa chute qu'elle ne l'avait été de son élévation.

La restauration, uniquement rendue possible par la sourde désaffection qu'avaient causée et l'ambition et le despotisme de Bonaparte, imposée et vendue très-cher par le vainqueur, fut une halte où la France reprit haleine, se reposa et se ravisa.

L'avidité, la vieille, nulle et insolente turbulence d'une émigration incorrigible, et les fautes (1) d'une cour intrigante et astucieuse, à moitié dévote, à moitié hypocrite, redonnèrent pendant cent jours la France à Bonaparte; mais le génie de celui-ci répugnant invinciblement à l'indépendance des peuples, la France, aussi libre par instinct que lui-même était dominateur par génie et par calcul, ne put entièrement sympathiser avec celui qui, au moment

---

(1) *Mon gouvernement a fait des fautes.* Paroles de Louis XVIII à son retour de Gand.

même où il ne pouvait rien attendre que d'elle, marchandait le plus ou moins de liberté à lui accorder : elle ne se dévoua point, et la fortune du grand homme expira à Waterloo.

La seconde restauration ne se donnant pas non plus en entier à la France, la France ne se donna pas à la seconde restauration. La cour voulut ruser et tricher avec l'esprit public; la presse rusa et tricha avec la cour. La cour voulut impatroniser clandestinement le bigotisme et le philosophisme absolutiste; la France les repoussa en invoquant hautement la Charte. La cour, pour démolir la Charte, se fit un levier de l'article 14; la France en appela à la Charte et à la liberté. La cour attaqua, la France se défendit; et la victoire resta au bon droit.

Voilà où nous en sommes..... La France a disposé d'elle-même en 1830, par élection ou par acquiescement spontané et presque unanime. Elle est entrée dans le gouvernement vers lequel, comme fin dernière, la nature pousse toutes les sociétés; elle a donné des représentants et des garanties aux intérêts démocratiques et aristocratiques, sans cesse renaissants de la constitution de l'homme; elle a concilié ces besoins dans l'unité de la royauté héréditaire, laquelle représente les intérêts collectifs de la société. Si elle ne s'est point trompée, si la forme politique qu'elle a choisie est préférable à toute autre, elle ne peut revenir sur ce qu'elle a fait, reculer ou avancer, sans rencontrer sous ses pas le gouffre de l'absolutisme ou de l'anarchie. Toute la question est donc de savoir si la monarchie représentative est le gouvernement naturel, et par conséquent le meilleur, ou s'il en existe quelque autre qui lui soit supérieur et plus propre à assurer la liberté, la force et la prospérité de la France. Si ce gouvernement existe en effet, le devoir de tout bon citoyen est de l'appeler de tous ses vœux, de l'adopter, et de travailler à le faire adopter sans troubles ni violence. Quel honnête homme hésiterait, s'il était en son pouvoir de rendre sa patrie plus heureuse et plus florissante?

Le prince qui nous gouverne, j'en suis assuré, est trop bon Français pour ne pas être le premier à coopérer à la consommation de l'œuvre du bonheur public; il est trop roi pour ne pas vouloir l'être encore davantage et s'élever au-dessus de lui-même par ce patriotique dévouement. Mais, si un gouvernement plus parfait n'existe pas, sachons nous tenir à celui que nous avons; réformons, ne révolutionnons pas; améliorons, ne détruisons pas; et, pour le plaisir d'essayer nos théories, ne soumettons pas la France à des expériences hasardeuses et mortelles. Étudions donc les divers gouvernements avec bonne foi et impartialité, pour voir quel est celui qui mérite la préférence.

Comme les nations qui ont conquis par la force les droits que réclamaient leurs besoins, et que justifiait leur raison, ne rétrogradent jamais, et ne peuvent être remises sous le joug, il ne s'agit pas de savoir si la France, pour être heureuse, doit revenir au *droit divin;* la question est jugée. Douze cent mille baïonnettes ne suffiraient pas pour faire roi Henri V, Le fût-il quelques instants, sa royauté éphémère sécherait sur le sol brûlant de la France. L'avenir ne se réconcilie jamais avec le passé qui l'a trompé et qui ne peut plus tenir parole. Le temps, les abus, le bon plaisir, les aventures de la Vendéenne, la sottise des coryphées de son parti, ont ôté toute viabilité politique à la famille de Charles X. Il ne reste donc qu'à savoir si la France trouverait plus de bonheur dans la forme RÉPUBLICAINE DÉMOCRATIQUE, dans la forme RÉPUBLICAINE FÉDÉRALE, dans la ROYAUTÉ ÉLECTIVE, que dans la MONARCHIE REPRÉSENTATIVE HÉRÉDITAIRE, gouvernement dont on ne peut étudier la constitution sans étudier en même temps celle de tous les autres. Aussi ami de notre patrie que ceux dont nous combattrons les opinions, mais dont nous ne voulons pas calomnier les sentiments, notre plume est uniquement au service de la vérité; nul n'est assez puissant pour nous faire écrire une seule ligne que nous y croirions en opposition. Nous ne sommes point homme de parti; nous sommes, au moins voulons-nous l'être, homme de justice et de bonne foi. Disons-le, puisque nous le croyons vrai; le peuple français est le plus logique de l'Europe, ce qu'il doit en partie à son idiome: on peut le remuer momentanément par les passions, mais on ne le fixe que par la vérité. Parlons-lui donc son langage, et cherchons à l'éclairer, non à le séduire, non à l'entraîner, mais à le convaincre. « Tant « qu'on ne saura pas s'il faut être républicain ou « monarchique, l'état ne formera point une na- « tion; il reposera sur des bases incertaines et « vagues, il sera constamment exposé aux dés- « ordres et aux changements(1). »

La république démocratique est-elle propre à faire le bonheur de la France?

La petitesse du territoire, le service des esclaves, permirent seuls aux citoyens des anciennes républiques de faire leurs affaires générales par eux-mêmes, et de passer la plus grande partie

(1) *Opinion de Napoléon sur divers sujets*, page 154.

de leur temps sur la place publique. Trente mille Athéniens étaient servis par quatre cent mille esclaves. Un tel gouvernement est impossible chez les grandes nations modernes, et, pour l'y établir même momentanément, il serait de toute nécessité de recourir à la TERREUR, qui ne reconnaît pas, il est vrai, des esclaves, mais qui tue les hommes libres lorsqu'ils n'obéissent pas aussi passivement que des ilotes aux ordres des maîtres de la république.

Les choses, en effet, ne peuvent se passer autrement chez une nation de trente-trois millions d'hommes. Pour organiser son gouvernement conformément aux principes de la démocratie pure, les membres du pouvoir exécutif doivent être nombreux, amovibles tous les six mois ou tous les ans, et nommés par tous les individus en âge de raison ; ce qui porte à sept ou huit millions le nombre des électeurs, les femmes exclues, ce qui n'est guère républicain, ou plutôt ce qui est très-républicain, car la république est peu favorable aux femmes. Ce ne sera pas peu de chose pour ces huit millions de constitutionnels de s'entendre pour nommer les dix ou vingt membres du comité dirigeant, ou la municipalité centrale gouvernante. Ce choix n'aura pu avoir lieu sans mécontenter la minorité qui, à cinquante, cent, deux cents lieues du siége du gouvernement, répugnera aux réquisitions forcées, et aux conscriptions destinées à alimenter la propagande, et à inoculer à coups de sabre la liberté au genre humain, et qui, en vertu de sa part de souveraineté, voudra se gouverner à sa manière. Pour aplanir ces difficultés, le pouvoir exécutif enverra dans tous les départements et auprès de toutes les armées des commissaires (1), lesquels, forts de l'invention des échafauds ambulants, les promèneront de ville en ville, de village en village, et convaincront les plus incrédules de l'excellence et de la bénignité de la république. Dès lors tout marchera à souhait, la France pourra se dire le pays le plus libre de l'univers, chacun pourra y crier à discrétion : Mort aux tyrans! Vive la république une et indivisible!

Et qu'on ne dise pas que ce n'est qu'un jeu ou une exagération, propre à rendre odieuse une forme de gouvernement qui contrarie nos idées, que les excès que nous avons mentionnés répu-

(1) Leur tyrannie était une nécessité de leur position. Voici ce que Montesquieu dit des préteurs et des proconsuls envoyés dans les provinces : « Ceux qu'on envoyoit « avoient une puissance qui réunissoit celle de toutes les « magistratures romaines ; c'étoient des magistrats despo- « tiques qui convenoient beaucoup à l'éloignement des lieux « où ils étoient envoyés. » *Esprit des lois*, liv. 2, chap. 19.

gnent trop à nos mœurs pour être tolérés, et que de telles choses n'ont pas lieu deux fois. Nous répondrons qu'il faut se garder de se fier à une pareille assertion, que les mœurs des honnêtes gens sauvent rarement un pays de l'audace fanatique des agitateurs, que la modérée *Gironde* fut dévorée par le volcan de la *Montagne*, que les mêmes principes, les mêmes passions ramènent les mêmes conséquences et les mêmes excès, que Sylla répéta Marius, et qu'Auguste, Antoine et Lépide répétèrent Marius et Sylla. « Des « choses si funestes firent croire qu'on ne les re- « verroit plus. Mais sous les triumvirs on voulut « être plus cruel (1). » Au reste, ce qui résulte des théories de nos nouveaux conventionnels, ils le confirment par leurs écrits.

Ils y évoquent, pour les consacrer dans leur Panthéon, la larve de Marat, le fantôme gigantesque de Danton, et la momie livide et buveuse de sang de Robespierre.

Ils ont dansé l'ignoble *Carmagnole* autour de la statue de l'empereur, courroucé qu'on osât mettre sous l'égide de sa gloire le despotisme de la populace.

Leur charte a aussi son article 14. Ils s'y réservent, hors du droit commun, *le despotisme*

---

(1) *Esprit des lois*, livre 12, chap. 18.

de la liberté, en vertu duquel la Convention proclamait, dans une loi, la liberté illimitée de la presse, et, par cette même loi, envoyait à l'échafaud tout écrivain qui imprimait un seul mot contre la république.

Ils ont menacé de la justice du peuple (et l'on sait ce qu'est cette justice) les doctrinaires, les hommes du juste-milieu, les amis de la monarchie constitutionnelle, c'est-à-dire la presque totalité de la France, plus disposés à se réconcilier avec les légitimistes qu'avec les amis de la charte de 1830.

Ayant la prétention de donner un gouvernement plus républicain que celui d'Athènes, de Sparte et de Rome, à un peuple vieux de plus de douze cents ans, et qui a passé par tous les degrés du luxe et de la civilisation, ils n'ont jamais su dire ce qu'ils entendent par *république*, *peuple*, *souveraineté du peuple*, *égalité*, *liberté*, *propriété*.

Se disant exclusivement les amis du peuple, ils lui ôtent le travail en troublant la paix publique, et ne lui laissant pour gagne-pain que les émeutes, le désordre et les révolutions.

Orgueilleux de se sentir le courage inné à tout Français, et que possèdent les moindres tambours de nos régiments, ils ont cru pouvoir impunément régenter ceux qui placent la vertu dans la *modération*, accusation capitale, crime impardonné sous Robespierre; ils renient et rejettent de leurs rangs le général Foy, comme n'étant pas assez patriote.

Infidèles aux traditions des Spartiates leurs modèles, ils ont tourné en dérision les Gérontes et la gérontocratie, regardant la vieillesse comme une usurpation, et renonçant ainsi au droit de vieillir; méconnaissant en outre, de concert avec les légitimistes, la sainteté du serment auquel, suivant Montesquieu, les Romains tenaient plus qu'au pouvoir et qu'à la gloire.

Ils ont préparé et attisé la révolte, fait feu sur la garde nationale, et commencé la guerre civile;

Proposé le bouleversement de la propriété et la ruine des riches;

Donné lieu de croire *qu'il existe un système d'amener le peuple à niveler tout, et que, si l'on n'y prend garde, tout se désorganisera* (1);

Prêché une croisade contre tous les rois, et évangélisé la guerre à l'Europe et à l'univers entier(2).

Il ne leur a pas suffi de s'en prendre aux in-

(1) Lettre de Robespierre jeune à son frère.

(2) Voyez les toasts du banquet marseillais offert à M. Garnier Pagès.

stitutions, ils se sont surtout attaqués aux personnes, et ils ont couvert d'odieuses incriminations tout ce qui a quelque célébrité (1).

Ils ont violé les convenances sociales, en insultant aux croyances de la majorité de leurs concitoyens; blessé et compromis auprès de l'étranger l'orgueil national, en poursuivant de leurs outrages le chef du gouvernement, sans ménager, dans sa famille, un sexe que la France est accoutumée à respecter.

Lorsque nous avons écrit ce qui précède, n'avait pas encore paru le manifeste des républicains par excellence, ceux qui composent *la Société des droits de l'homme et du citoyen.* Nous sommes forcé de les suivre dans leurs nouvelles attaques contre la société.

---

(1) « Nous n'appellerons pas cette conduite (celle de M. de « Lafayette) une faute, mais un crime, après lequel un « homme doit dévorer sa douleur et ses remords. » *Tribune*, 23 août 1833. La même feuille poursuit avec une implacable cruauté, qui dans aucun cas ne peut être justice, un diplomate octogénaire, homme à talents supérieurs incontestés; elle n'a égard ni aux époques qui entraînent, ni aux circonstances qui commandent, ni aux services rendus, ni à d'honorables qualités, qui lui ont fait des amis de presque tous ceux qui ont été sous ses ordres. Ah! si les rédacteurs de cette feuille mettaient la main sur la conscience, ils regretteraient peut-être, ainsi que chacun de nous, que l'indulgence ne fît point partie de la justice.

Ils se proposent de substituer à l'impôt proportionnel *l'impôt progressif*, ne se doutant pas que c'est le plus infaillible moyen d'arrêter dans sa source la production et la richesse, et de soumettre la fortune des citoyens aux plus odieuses inquisitions.

Supposons que, par suite de leur système, la richesse seule soit imposée, et que son premier degré, fixé à cinq mille francs de rente, soit tenu de payer vingt pour cent, les premiers cinq mille francs en paieront mille; les seconds, deux mille; les troisièmes, quatre mille; les quatrièmes, huit; les cinquièmes, seize; et les sixièmes, trente-deux. Ainsi celui qui jouira de trente mille francs de rente sera obligé de payer plus qu'il ne possède. S'il y avait une distinction à faire, la justice voudrait peut-être qu'elle fût en faveur de ceux qui, travaillant et gagnant beaucoup, contribuent à la fortune de l'État, plus que les demi-oisifs qui ne travaillent et ne gagnent tout juste que ce qu'il leur faut pour vivre. L'impôt progressif est une prime à la paresse.

Ils veulent que, pour la dette de l'état, ce soit le gouvernement qui soit créancier, et non les particuliers, mettant ainsi à sa disposition le plus grand levier du despotisme.

Proclamant le suffrage universel, ils salarient les fonctions électorales, font un métier du devoir du citoyen, et ajoutent un impôt énorme aux autres impôts.

Ils professent que si la minorité républicaine devient majorité, elle a le droit de prendre en tout ou en partie pour elle les biens de ceux qui les possèdent maintenant, et ils font dépendre la propriété de la volonté du plus grand nombre, c'est-à-dire de la force (1).

Ils font chaque individu juge de la loi, et lui donnent le droit de résister si elle lui semble injuste.

Ils résument toutes leurs doctrines dans l'*égalité ;* mais, ainsi que faisaient les Pères Saint-Simoniens, ils se réservent d'être les chefs et les directeurs de la nation (2), qui ne leur doit pas moins pour leurs bons services.

Tels sont les titres que la république démocratique présente à la France comme lui donnant

---

(1) Les trois sectes républicaines qui se rallient à la Société des droits de l'homme et du citoyen, à la *Tribune* et au *National* (voyez la lettre qu'a écrite à ce dernier le général Bugeaud), professent que les possesseurs actuels de la propriété foncière en sont détenteurs illégitimes, et qu'ils n'ont droit qu'à la part dont ils recevront l'investiture de la future *Convention nationale*.

(2) « Elle (la nation) nous tient pour ainsi dire en réserve, « avec la conscience des services qu'elle nous appellera bien« tôt à lui rendre. » (*Manifeste de la Société des droits de l'homme et du citoyen.*)

droit de la gouverner ; la France n'en reconnaît point la validité ; voyons si ceux que présente la république fédérative sont de meilleur aloi.

La république fédérative, avec un président élu pour un certain nombre d'années, est-elle propre à faire le bonheur de la France?

En admettant, me dira-t-on, que, dans une nation de trente-trois millions d'hommes, la démocratie ne puisse s'établir que par la terreur, vous conviendrez du moins que la république fédérative peut subsister chez un grand peuple et le rendre florissant. Vous seriez mal venu à le nier, puisque nous vous opposerions les États-Unis de l'Amérique du Nord : du fait à la possibilité la conclusion est bonne.

Sans doute : mais il est permis d'étudier le fait en lui-même et sous ses diverses faces, pour en bien comprendre la signification et en apprécier la portée. Et d'abord nous faisons remarquer, qu'en nous opposant l'Union américaine, on se rapproche de très-près de la monarchie représentative. Dans l'une et dans l'autre, les trois éléments du gouvernement sont les mêmes et destinés à se contrôler réciproquement : seulement dans le premier, le pouvoir démocratique est prédominant sur le pouvoir aristocratique et sur le pouvoir royal; car, sous le nom de président, le président est roi tout le temps qu'il gouverne. *Rex est qui regit*, le nom ne fait rien à la chose.

Quant à l'organisation du pays en vingt-quatre républiques indépendantes pour leur administration individuelle, mais réunies dans une autorité centrale commune, elle a été nécessitée par les circonstances où s'est trouvé un peuple colon, sans enfance et sans jeunesse. Transplanté tout fait sur un immense territoire, il a moins bouleversé et anéanti ses anciennes institutions qu'il ne les a modifiées et adaptées à sa nouvelle situation. Aux administrations locales qui, avant la révolution, étaient soumises à la direction de la métropole, il a substitué des cantons qui s'administrent eux-mêmes, et il a remplacé l'autorité du roi d'Angleterre par celle d'un président. Chaque État est un centre d'action qui communique l'impulsion, là où un seul chef ne pourrait la faire parvenir. Suit-il de ce que nous venons de dire, que la république fédérative soit le gouvernement qui convienne le mieux aux autres États? Nous sommes loin de le croire, et voici nos raisons puisées dans les faits et dans la nature même des fédérations; après avoir vu ce qu'elles produisent chez un peuple auquel les circonstances les rendaient nécessaires, nous serons plus circonspect lorsqu'il s'agira de les établir dans des pays placés dans des situations moins favorables, ayant un territoire moins étendu, une population plus homogène, des voisins puissants et jaloux, de vieilles mœurs monarchiques et un luxe devenu besoin de première nécessité.

Les États du Nord de l'Union sont en lutte constante avec ceux du Midi. Le président a déja été obligé, pour retenir ceux-ci dans le devoir, sinon d'agir militairement, au moins de menacer et de déployer un appareil guerrier. On n'a point obéi; on n'en est point, il est vrai, venu aux mains; on a négocié et tout s'est momentanément arrangé par des concessions réciproques. Ainsi voilà dans l'État deux pouvoirs distincts, en opposition ouverte.

Les États du Midi mettent, comme condition à leur fidélité fédérale, le maintien d'institutions (s'il est permis de donner le nom d'institution à l'esclavage) qui sont la honte des peuples civilisés et un outrage à la nature humaine.

Sur des terres vierges, qui pourraient nourrir le décuple des habitants qu'elles contiennent, apparaissent déja le paupérisme, les corvées et l'impôt sur le sel.

Ce pays de républicains a aussi ses EXCELLENCES.

Les femmes y sont traitées avec peu d'égards.

Déja, les hommes d'état parlent de donner aux fonctionnaires publics plus de moyens pécuniaires, pour représenter dignement la nation.

Deux fois la constitution a été remaniée, et la dernière, dans la nécessité avouée d'augmenter les pouvoirs du président et du congrès, nécessité qui se renouvellera à chaque quart de siècle, avec l'augmentation de la population.

Nulle part on ne voit plus d'hommes de loi, plus de chicanes, plus de procès, plus de faux serments, plus de banqueroutes.

Les opinions religieuses les plus extravagantes ou une absolue incrédulité s'y partagent les esprits.

Le despotisme du dimanche y pèse même sur ceux qui ne croient pas au dimanche.

Un des principaux citoyens des États du Sud, M. Achille Murat, vient de faire paraître un livre intitulé : *Exposition du système représentatif tel qu'il a été perfectionné aux États-Unis.* Mentionnons quelques-uns de ces perfectionnements.

Destruction du christianisme, dont il ne doit plus rester vestige dans cinquante ans.

Importation de la civilisation sensuelle de la Grèce.

Pour les riches colons, des harems de jeunes et belles négresses, dont les nombreux enfants seront d'un grand rapport, soit employés à cultiver le coton, le riz et la canne à sucre, soit envoyés au marché pour y être vendus à des prix élevés, vu la beauté de la race.

Distinction de nature entre les peaux blanches et les peaux noires; le droit placé dans la force.

Des lois (elles existent) qui punissent de mort quiconque enseigne à lire ou à écrire à un nègre.

Des lois (elles existent) qui punissent de mort quiconque instruit les nègres dans la doctrine évangélique, leur parle de la consanguinité et de la fraternité de tous les hommes, et de leur égalité devant Dieu et devant la loi.

Des lois d'exception (elles existent) qui soumettent à une nouvelle sorte d'esclavage les hommes de couleur affranchis, et qui reprennent d'une main ce qui a été donné de l'autre.

Des lois (elles existent dans plusieurs États) qui restreignent le droit d'élection à certaines croyances.

Qu'on ne croie pas que ces faits sont accidentels, uniquement l'abus du pouvoir et des richesses; ils sortent, avec des modifications diverses, de l'essence même de la république fédérale, ainsi que nous allons essayer de le montrer.

Il est dans notre nature que plus nos affections sont concentrées dans un cercle étroit, plus elles sont vives; et que plus elles s'étendent, plus elles s'affaiblissent. D'où il suit invinciblement que, dans un pays où il y a plusieurs gouvernements, les uns particuliers, l'autre général, l'action individuelle de chacun est beaucoup plus énergique que l'action commune. La république fédérative tend donc plutôt à former l'esprit de canton que l'esprit public. Ceci est à remarquer particulièrement en Amérique, où les divers États, n'ayant rien à craindre pour la sûreté du territoire, et n'éprouvant aucune collision extérieure, ne se serrent pas les uns contre les autres autour du gouvernement, pour renforcer son action; ils cherchent au contraire à agrandir leur propre sphère d'activité, préludant ainsi à leur émancipation entière, qui aura lieu lorsque chacun d'eux, ou quelqu'un d'entre eux, sera assez puissant pour se suffire à lui-même. Je me figure les vingt-quatre républiques de l'Union, telles qu'elles existent à présent, comme autant d'organisations accolées ensemble, n'ayant qu'une seule tête et aspirant sans cesse à se séparer, et à se donner chacune un chef indépendant, qui leur donne une personnalité complète.

Autant d'États, autant d'intérêts divers; autant de tiraillements et d'esprits contraires. Les

Caroliniens et les Virginiens se regardent comme supérieurs, en éloquence et en politique, à leurs concitoyens du Nord, et ceux-ci se disent plus industrieux, plus libéraux et plus philosophes.

Jetez les yeux sur les cantons suisses, qui ne sont point des *États unis* sous un même gouvernement général, mais des *États ligués* pour certains cas prévus, vous y trouverez ce qui se passe en Amérique. Des causes de même espèce y reproduisent en pis des effets analogues, discorde, jalousie, morgue aristocratique, désunion et tendance à une scission qui serait déja effectuée, n'était la crainte d'avides et menaçants voisins.

Tel est l'inévitable ascendant de toute fédération; elle porte dans son sein le germe de sa dissolution ; et la cohésion de ses membres, tant qu'elle dure, a lieu, non en vertu de sa constitution, mais par des causes qui lui sont étrangères. Cette disposition qu'ont les États fédérés à se disjoindre force tôt ou tard à augmenter l'autorité des chefs, pour qu'ils puissent retenir les dissidents dans l'union. Ainsi accrue, cette nouvelle puissance finit par devenir héréditaire, et, comme elle a été en partie obtenue par l'usurpation, elle dégénère en tyrannie. Déja l'Amérique du Nord tend à la dictature; le président en a déja fait des actes à l'égard de la banque;

le peuple ne s'y suffit pas à lui-même ; plus de la moitié de la population a pour cri de ralliement, JACKSON ET LE PEUPLE !

Il est dans l'essence des républiques fédérées et non fédérées de ne point produire de classe moyenne. Tous les citoyens devant y être égaux, il ne peut y avoir ni supérieurs, ni inférieurs, ni intermédiaires ; telle est la théorie. Mais le fait, qui se soucie fort peu des théories, veut que les hommes soient inégaux au physique et au moral ; il veut despotiquement qu'il ne puisse y avoir de société sans hiérarchie, c'est-à-dire sans supérieurs et sans inférieurs qui, se touchant par les extrêmes, forment une classe intermédiaire, composée des moins élevés parmi les premiers et des plus élevés parmi les seconds. Que fait alors la république ? Là où l'esclavage peut être établi, elle ne reconnaît que des citoyens égaux, servis par des esclaves, dont elle fait des choses, après avoir déclaré qu'ils ont cessé d'être hommes. Lorsque l'esclavage ne peut être complétement institué, elle se contente d'un demi-esclavage légal, et dispose, ainsi que cela se passe dans le nord de l'Amérique, à certaines conditions et pour une durée déterminée, du travail et des personnes des malheureux, réduits à se prêter ainsi temporairement.

La république ne peut se passer d'hommes retranchés ou dégradés de l'humanité. Qu'était, au moyen âge, la féodalité, si ce n'est une république hiérarchiquement aristocratique, servie par des serfs? Lorsque la république ne peut avoir ni esclaves, ni hommes temporairement aliénés, ni serfs, alors les forts et les habiles se montrent suivis des plus avides et des plus audacieux; ils font, au nom de l'égalité, pâture et curée des hommes du milieu, qui méritent leur sort, en ne repoussant point avec énergie les violences des factieux. Une fois établis, ils déchirent le drapeau sur lequel était écrit LIBERTÉ! ÉGALITÉ! Des pâtres deviennent des chefs héréditaires des cantons les plus libres de la Suisse. Berne, pendant huit cents ans fait peser sur ses sujets républicains, un sceptre de plomb plus lourd que celui des despotes; et de nos jours, nous voyons *Bâle-campagne* revendiquer à coups de fusil de *Bâle-ville* ses droits à l'égalité fédérale.

Qu'arriverait-il si des pays que nous venons de mentionner, dont l'un n'a que le tiers et l'autre le dixième de notre population, on transportait en France le gouvernement fédéral? Il arriverait que les parties Nord, Sud, Est, Ouest, issues de différentes nationalités, ayant eu pendant plus de mille ans des coutumes et des lois différentes, diverses de mœurs, d'opinions et presque de langage, voudraient, au nom de leur indépendance et de l'égalité politique, être maîtresses chez elles et faire leurs propres affaires.

La partie centrale n'ayant point assez de force pour les retenir dans sa sphère d'attraction, tout tomberait dans le chaos, et, après avoir été la proie des étrangers, nous en serions la risée, à moins qu'une autre Convention, ou un autre Bonaparte ne nous présentassent pour dernier refuge la terreur ou le despotisme; car une troisième restauration bourbonnienne, fût-elle possible, ne servirait qu'à légitimer et confirmer l'invasion et le partage de notre patrie. Le courage et le bon sens des Français ne le permettront jamais.

Le but de la constitution fédérale est, suivant Montesquieu, de rendre fortes, par leur réunion, des républiques qui, ne pouvant subsister que dans un territoire de peu d'étendue, seraient trop faibles pour se conserver, si elles restaient isolées. Le plan de nos réformateurs est inverse; ils tendent à disjoindre ce qui est fort par son union, à changer en cantons indépendants nos départements, liés entre eux par le centre commun auquel ils aboutissent, et à faire des membres de notre corps social autant d'organisations distinctes. De combien d'injustices et de vexations locales, de quels tumultes et de quelles agitations ne serions-nous pas les témoins, si les actes des autorités départementales n'étaient contrôlés par une autorité centrale supérieure, qui n'a point d'intérêts privés, et dont la noble mission est de distribuer à toutes les parties du pays, le bienfait de l'égalité!

L'homme de génie que nous venons de citer a donné de grands éloges à la constitution fédérale, mais les faits ont démenti ses théories et ses prévisions. « C'est par là que la Hollande (formée « alors d'environ cinquante républiques), l'Al« lemagne, les ligues suisses, sont regardées, en « Europe, comme des républiques éternelles (1). » La Hollande sait ce qui lui est arrivé avec ses stathouders et avec la Prusse, et l'empire germanique et la Suisse avec Napoléon et la sainte-alliance. De nos jours, les États ne sont en sûreté et ne jouissent de leur indépendance concessionnaire que par la jalousie des grandes puissances, et elles n'auront leur indépendance absolue qu'en faisant des traités d'alliance défensive avec les États constitutionnels.

De tous les inconvénients des fédérations républicaines, le plus grand pour la France serait dans la nécessité de nommer un président, à des époques déterminées et rapprochées; car il est de l'essence des républiques d'abréger, autant

(1) *Esprit des lois*, livre 5, chapitre 1er.

que possible, la durée de l'exercice des hautes magistratures. Figurez-vous huit millions d'électeurs appelés tous les quatre ans, en vertu du suffrage universel, à procéder à l'élection du nouveau président; leur convocation, leur réunion, la vérification de leurs titres, le dépouillement des scrutins, leur confrontation pour toutes les parties de la France, exigeraient un espace de deux mois. Ces deux mois, et le temps donné aux autres élections et aux affaires de chaque département, seraient une étrange manière d'encourager le travail et d'assurer l'ordre et la prospérité publique. Il est vrai qu'en dédommagement, on aurait quatre-vingt-six gouvernements à constituer, et autant de rois au petit-pied à nommer, qu'on ne pourrait sans injustice s'empêcher de choisir parmi les coryphées du parti qui aurait contribué à briser la royauté, et qui, dès à présent, jouent les destinées de la France, comme si elle leur appartenait en propre.

La monarchie représentative, avec un roi électif, est-elle propre à faire le bonheur de la France?

Dans la royauté élective, les inconvénients, que nous avons vus attachés à la nomination quadriennale du président de la république fédérative, auront lieu à chaque changement de règne. Nous nous rendrons compte de la réalité et de l'étendue de ces inconvénients, si nous considérons l'élection en elle-même, dans son rapport avec les électeurs, et dans son rapport avec le roi élu.

Ou l'élection sera directe et à un seul degré, et alors nous nous trouvons au milieu des inextricables embarras que nous venons de signaler;

Ou l'élection sera indirecte et au second degré, et alors la totalité des citoyens n'en sera pas moins obligée de s'assembler, pour constituer le corps privilégié, entre les mains de qui il fera l'abdication de son droit à l'élection du magistrat suprême. Ainsi la France tombe sous le régime aristocratique, qui lui est le plus instinctivement antipathique, et non sans raison, car son ancienne noblesse ne travailla jamais que pour elle-même, et fut toujours d'accord avec les prêtres et avec les rois pour tenir les peuples dans la sujétion. L'auteur de l'*Esprit des lois* avait fort bien vu la coexistence nécessaire du roi électif et d'un corps aristocratique. « Une « monarchie élective suppose nécessairement un « corps aristocratique qui la soutienne (1). »

---

(1) *Esprit des lois*, livre 2, chapitre 13. En citant l'au-

Quels seront les intérêts, et quelle sera par conséquent la conduite du corps aristocratique électoral? Il ne songera qu'à accroître ses attributions et sa puissance, ce qu'il ne pourra faire qu'aux dépens de celle du peuple ou du roi. L'usurpation sur le premier, qu'il remplace dans l'élection, ne lui sera pas bien difficile. L'action continuée d'un corps d'hommes habiles, se dirigeant vers le même but, est infaillible sur des individus isolés. On sait combien il en coûta peu aux décemvirs, qui n'étaient que de médiocres légistes, pour s'emparer de toute l'autorité civile et militaire. Le roi, avec qui ils auront fait leurs conditions avant de le nommer, et qui sera leur créature, tiendra en réserve pour eux les places, les richesses et les dignités. Ils ne mettront sur le trône que des hommes sans génie et sans caractère, pour régner à leur place et sous leur nom. Chaque élection sera un interrègne orageux, durant lequel se débattront les passions ambitieuses qui remueront la France

---

teur de l'*Esprit des lois*, je crains de faire sourire de pitié nos nouveaux publicistes. Qu'est auprès d'eux Montesquieu? Un chétif *juste-milieu.* « Les hommes s'accommodent presque « toujours mieux des milieux que des extrêmes » (*Ibidem*, livre 2, chapitre 6). N'a-t-il pas dit encore? « La démocratie « et l'aristocratie ne sont pas des états libres par leur na-« ture. » (*Ibidem*, livre 2, chapitre 4.)

entière; et, comme ces époques seront de guerre et de butin, les habiles chercheront à en rendre le retour le plus fréquent possible, si bien que le meilleur titre pour régner sera de n'avoir que quelques mois ou quelques années à vivre. Dans cette consommation de rois, l'étranger serait bien malhabile s'il n'en trouvait quelqu'un de favorable à ses vues.

De son côté, le roi électif ne sera occupé que d'une seule pensée, celle de perpétuer la royauté dans sa famille; pour cela il emploiera tous les moyens que lui fournira sa position, pour gagner les électeurs, l'armée, les magistrats, et les citoyens, et, au besoin, il aura recours aux baïonnettes étrangères, qui ne lui feront pas faute. Les cinq premiers rois de Rome furent nommés par les patriciens; ceux-ci furent dépouillés de ce droit par Servilius Hostilius qui le transmit au peuple; Tarquin l'ôta aux patriciens et au peuple en le rendant héréditaire, et il eut les rois ses voisins pour alliés et pour protecteurs dans son usurpation.

L'élection du roi à la fin de chaque règne renferme en elle tant de désordre, de catastrophes, de faiblesse et d'instabilité, que les chefs des grandes puissances qui, dans l'origine avaient le droit d'élire leurs successeurs, ont tous fini par y renoncer, et par rendre la royauté héréditaire dans leurs familles. Avant le guet apens qui démembra la Pologne, les puissances qui la partagèrent lui défendirent de se donner un roi héréditaire.

La monarchie représentative, avec un roi héréditaire, est-elle propre à rendre heureuse la France, ainsi que les autres populations?

Notre réponse à cette question est affirmative, et nous la fondons sur les faits, sur la constitution même du gouvernement représentatif, sur sa comparaison avec tous les autres gouvernements, et sur la faiblesse des objections qu'on élève contre lui.

Faits : Quel est le pays qui, pendant un siècle et demi, a été plus en progrès de liberté, de prospérité et de puissance? où la nourriture, le vêtement et le logement soient plus confortables? où un luxe plus grandiose, en parcs, jardins, chevaux, bestiaux, ait produit plus de résultats d'utilité individuelle et sociale, en offrant aux cultivateurs des expériences faites sur une grande échelle, et en améliorant les races des animaux les plus précieux? où l'agriculture ait été poussée à un plus haut degré de perfection (1)? où l'industrie ait produit plus de mer-

(1) L'Angleterre, compensation faite du territoire, produit plus d'un tiers de plus de céréales que la France.

veilles? où l'hygiène ait prolongé davantage la vie moyenne des citoyens? où l'association ait fait d'aussi grandes choses, creusé plus de canaux, ouvert plus de communications, construit plus de chemins en fer, plus de machines, de manufactures et d'usines? quelle nation a poussé plus loin la navigation, accumulé de plus immenses capitaux, enchaîné les mers par des stations inexpugnables, fait de sa capitale l'entrepôt et le marché du commerce de l'univers, et s'est donné des colonies florissantes de plus de cent millions de sujets? qui a eu plus d'ascendant dans toutes les guerres et sur tous les cabinets? qui a repoussé avec plus de succès le despotisme et la démocratie (1), résisté à de plus grandes crises commerciales et suppléé à de mauvaises lois par les mœurs? qui a cultivé la philosophie, les sciences et les arts avec plus de succès? chez quel peuple les sentiments religieux sont-ils plus enracinés, et se manifestent-ils avec plus d'efficacité dans les grandes crises

---

(1) « Ce fut un assez beau spectacle, dans le siècle passé, « de voir les efforts impuissants des Anglais pour établir « parmi eux la démocratie.... le peuple étonné cherchoit « la démocratie et ne la trouvoit nulle part; enfin, après bien « des mouvements, des chocs et des secousses, il fallut se re- « poser dans le gouvernement même qu'on avoit proscrit. » (*Esprit des lois*, livre 3, chapitre 3.)

de la vie(1)? A toutes ces questions on est obligé de faire la même réponse : l'Angleterre; l'Angleterre dont le sol a reçu, nourri et mûri le germe de la monarchie représentative héréditaire.

Ce gouvernement, de même qu'un corps bien constitué qui se refait de ses maladies par la seule énergie de ses forces vitales, répare de lui-même les imperfections que la suite des temps ne peut manquer d'y introduire. Nous voyons cette Angleterre, dont nous venons de parler, vermoulue d'antiques abus, réformer en tout ou en partie, sans secousses ni violences, ses lois électorales, son église, sa législation, ses finances, son commerce, ses colonies, et faire, en trois ans, cent millions d'économies.

Et nous-mêmes ne sommes-nous pas une preuve des bienfaits que porte en elle la monarchie représentative? En dépit des imperfections de la charte octroyée et de son article 14, qui en faisait dépendre l'existence de la volonté du roi, la France n'a jamais joui de plus de liberté, son industrie et son commerce n'ont jamais été plus florissants que durant l'époque où elle a été en activité. Si la révolution de 1830 n'a pu être entièrement exempte des maux qui accom-

(1) Voyez les romans et les voyages anglais.

pagnent nécessairement tout bouleversement politique, il a fallu moins de trois ans pour adoucir ces maux, et cicatriser bien des plaies anciennes et nouvelles. Grace à l'action pondérée des trois pouvoirs, la vie douce et sûre, qui a succédé aux agitations et aux émeutes, est le présage de biens plus grands encore. Nous ne tarderons pas à revenir sur ce sujet.

Les avantages de la monarchie représentative héréditaire découlent de l'essence même de ce gouvernement. Y A-T-IL UN GOUVERNEMENT NATUREL ? Telle est la question que nous avons posée, en 1822, dans le troisième volume du *Rapport de la nature à l'homme*, et dont nous avons complété la solution, dans notre dernier ouvrage de *la Souveraineté du peuple*. Bien que les preuves affirmatives que nous avons données nous semblent équivaloir à une démonstration, cette question est passée comme inaperçue. Nulle autre cependant ne l'égale en importance politique, car, s'il existe un gouvernement qui dérive de nos besoins et de nos facultés, ce n'est pas dans de vagues théories qu'il faut chercher le principe des législations, mais dans la constitution même de l'homme et de la société. L'importance même du sujet est la raison pour laquelle la presse ne s'en est point occupée; il fallait, pour le traiter, des études auxquelles elle est étrangère, mettre en avant un nom qui n'appartient à aucune coterie, et trouver, pour conclusion, une solution qui, je demande grace pour l'expression, *coupe les vivres* au long parlage de la plupart des journaux et aux passions du parti démocratique et absolutiste. Mais leur silence ne détruit point la réalité, et de même que la constitution physique et morale de l'homme produit la société, de même la société produit les éléments du gouvernement naturel, en produisant dans tous les temps et dans toutes les circonstances, là où est une agrégation quelconque d'hommes, le peuple, les grands et le chef. Tout l'art social consiste à équilibrer les intérêts qui appartiennent essentiellement à chacune de ces trois grandes divisions spontanées de la société.

Si Dieu avait voulu que la société humaine fût régie en république, il aurait fait tous les hommes égaux au physique et au moral; s'il eût voulu qu'elle fût régie par l'absolutisme, il aurait créé des *despotes par nature*, race privilégiée, héréditairement supérieure à ses sujets par la force du corps et l'étendue de l'intelligence; mais il nous a faits inégaux au physique et au moral, parce qu'il a voulu nous unir tous, forts et faibles, par nos besoins réciproques; car les supérieurs ont autant besoin des inférieurs que ceux-ci des supérieurs. Il a su tirer le bien général des services que nous sommes forcés de nous rendre mutuellement, l'un ayant ce qui manque à l'autre. Les peuples, non plus que les individus, ne naissent point acéphales, ils ne sont point engendrés sans corps, ainsi que ces êtres mystiques représentés dans les tableaux des anciens peintres, et ils n'existent point sans organes principaux, destinés à exécuter les fonctions les plus essentielles de l'organisation. Le corps ne peut pas plus se passer de la tête, que la tête ne peut se passer du corps, et que l'un et l'autre ne peuvent se passer du cœur et des poumons qui leur sont coordonnés pour la production des phénomènes de la vie.

Avoir montré l'existence du *gouvernement naturel* est en avoir prouvé l'excellence. Dès lors il ne s'agit plus d'en chercher un autre, mais de l'appliquer aux diverses situations où se trouvent les peuples. Pour cela, besoin est d'en bien connaître les divers ressorts. Plus on l'étudiera, plus on trouvera que toutes ses directions ont pour fin le bien-être de toutes les classes de la société et le perfectionnement de la civilisation. Sans répéter ce que nous avons dit ailleurs de ses moyens, de son mécanisme et de son jeu, nous nous contenterons de montrer ici quel est le principe de son action bienfaisante et conservatrice.

Ouvrez l'histoire, vous verrez que tous les désordres, tous les malheurs des gouvernés et des gouvernants proviennent, ou de ce que le chef, comme dans l'absolutisme, ou les grands, comme dans l'aristocratie, ou la multitude, comme dans la démocratie, ont usurpé les droits des deux autres pouvoirs, ou enfin, comme dans notre ancienne monarchie, que deux d'entre eux se sont coalisés pour tenir le troisième dans la sujétion. L'histoire de la lutte de ces trois pouvoirs est l'histoire même de la société. Ils ne trouvent leur repos et leur équilibre que dans la monarchie représentative, parce qu'elle seule accorde à chacun d'eux le maximum de ses attributions naturelles, qui résident principalement dans l'indépendance absolue de chacun, limitée par l'indépendance des deux autres.

La plupart des désordres politiques proviennent de ce que ceux qui gouvernent ne se renferment pas dans les bornes que leur assigne le bien général. Or, il n'est que deux moyens de les y maintenir; l'un est le sentiment de l'ordre et de la justice, qu'on ne peut invoquer ici, puisqu'il est du domaine de la morale; l'autre est une force positive qui les modère; car, tout pouvoir livré à lui-même abuse, ou NE CONTIENT LE POUVOIR QUE PAR LE POUVOIR, ce qui ne peut avoir lieu que dans le gouvernement représentatif. En effet, deux des pouvoirs de l'état, dans l'intérêt de leur propre conservation, se réunissent nécessairement contre le troisième qui veut usurper; et, comme par leur réunion et la connivence de l'opinion générale armée, ils sont les plus forts, ils maintiennent ou ramènent l'autre dans le cercle de ses attributions légitimes. Chacun tend à agrandir sa sphère, mais aucun ne peut en sortir. Cet antagonisme inhérent à cette espèce de gouvernement, loin de lui nuire, est un moyen d'action, de perfectionnement et même de conservation. Otez l'un de ces trois pouvoirs, ou les deux qui resteront seront égaux en force, et toute action cessera; ou ils seront inégaux, et le plus fort absorbera le plus faible. C'est ce qui est arrivé à la constitution de 1791 et à celle des Cortès.

Plus donc chacun des trois pouvoirs de l'état jouit pleinement de ses attributions natives, et plus l'égalité, la liberté, la propriété et le développement social sont assurés. La raison en est que les intérêts que représentent ces trois pouvoirs sont ceux de la société entière, et que, profitant réciproquement du bien qui résulte de leur action forte et régulière, chacun, en travaillant pour lui-même, travaille pour les deux autres et pour toutes les classes de citoyens. Aussi l'on peut dire avec vérité que le gouvernement représentatif est la véritable république, laquelle n'est que communauté d'intérêts, chose du peuple ; *res populi*, ainsi que la définit Cicéron. L'on peut dire que, dans ce gouvernement seul, la souveraineté du peuple peut avoir son libre et plein exercice, puisque le peuple y dispose de lui-même, soit directement, soit par l'assentiment de sa volonté dans tout ce qui est conforme à ses intérêts, à la justice et à la raison. Car il n'est pas plus permis à un peuple qu'à un individu de se faire mal à lui-même et de se suicider, en violant les conditions en vertu desquelles il existe.

Concluons que, dans la monarchie représentative, tout se fait pour le peuple et par le peuple constitué en corps politique (1) et agissant par ses organes naturels et sociaux.

Le gouvernement représentatif a les avantages des autres gouvernements, sans en avoir les inconvénients. Chaque gouvernement a son caractère particulier qui le régit et le maîtrise, qu'il peut modifier, mais dont il ne saurait se

---

(1) « Qui dit *Peuple* dit réunion d'hommes organisés en « société ; car une multitude fortuitement réunie, une horde « ou l'assemblage momentané de plusieurs hordes ne sont « point un peuple, elles ne sont qu'une agrégation sans ci- « ment d'éléments sociaux incohérents » *de la Souveraineté du peuple*, page 2.

dépouiller entièrement. Celui de la démocratie est indépendance de tous; celui de l'aristocratie est la supériorité personnelle de quelques-uns; celui de la monarchie force d'un seul; mais chacun de ces gouvernements, livré à lui-même et sans contre-poids, tombe dans les défauts des qualités qui lui sont inhérentes; l'indépendance devient licence, la dignité personnelle orgueil, la force tyrannie; si bien que la condition de leur existence est de ne pas être entièrement eux-mêmes. Ils sont donc, non gouvernements, mais aliments de gouvernement; c'est ce que les anciens qui s'étaient occupés de législation, Aristote et Cicéron notamment, avaient instinctivement pressenti. Tacite avait observé que toutes les nations de la terre sont gouvernées ou par des rois, ou par le peuple, ou par les grands, et que de l'union et de la pondération de ces trois pouvoirs devait naître le gouvernement par excellence, mais il ajoutait qu'il était plus facile d'en approuver l'idée que de la réaliser. Il a fallu, en effet, de longs tâtonnements et d'innombrables essais pour qu'il pût être mis en activité.

Lorsqu'il est régulièrement établi, il offre la liberté des républiques, la dignité des aristocraties, et il joint à la force que les autres monarchies tirent de l'unité de direction, celle dont sont privées celles-ci et qui résulte de l'union de toutes les volontés dont chacune fait ressort. Il corrige et contient la démocratie par l'aristocratie, l'aristocratie par la démocratie, et par l'une et par l'autre, l'esprit envahissant de la monarchie. Au moyen de ce contrôle réciproque, chaque pouvoir reste à sa place, et l'ensemble tend vers le perfectionnement et le bien-être général.

Ce n'est pas qu'une mesure de force précise et invariable soit départie à chaque pouvoir; l'influence démocratique, aristocratique ou royale, est tour à tour prépondérante suivant que le requièrent les besoins de l'état soumis à des circonstances variables. L'équilibre peut pencher en faveur du côté menacé par quelque accident, mais il n'est point rompu pour cela. Bientôt les deux forces, sur l'une desquelles l'autre a prévalu, se réunissent et remettent chaque chose à sa place. Cet antagonisme, loin d'être nuisible, est un mobile perpétuel qui entretient le mouvement et la vie dans le corps social.

De là découle un autre avantage inappréciable du gouvernement représentatif: c'est d'être applicable à certains degrés aux diverses phases de la civilisation, et d'améliorer en même temps la situation des gouvernants et des gouvernés. La Russie elle-même en donnant quelque indépendance à son sénat et à la bourgeoisie des villes, aurait les premiers rudiments du gouvernement représentatif, au moyen duquel, dans un temps donné, elle pourrait affranchir ses esclaves (1); ce qu'ont fait la France et l'Angleterre, et qu'il n'est point donné à l'Amérique de pouvoir faire, à cause de la diversité des intérêts qui ne s'y fondent pas dans l'union monarchique. Et certes, la puissance, la dignité et le bonheur de l'autocrate n'en seraient pas moindres. Quels trônes surpassent en éclat et en grandeur celui de France et d'Angleterre! S'il était possible aux rois qui les occupent d'arriver au despotisme et qu'ils consentissent à l'exercer, ce serait de leur part un bien faux calcul, car leur puissance en décroîtrait sensiblement, et ils tomberaient bien bas dans l'opinion des peuples de l'Europe.

On nous dira peut-être que tout ce que nous attribuons de bon au gouvernement représentatif, les autres gouvernements peuvent le produire, et l'on nous apportera en témoignage l'ancienne France, la Prusse, l'Autriche et d'autres

---

(1) Cette émancipation pourrait avoir lieu sans nuire à la fortune des maîtres et même en accroissant leurs richesses. Et quelle gloire, quel auguste devoir rempli, quel bienfait national d'avoir peuplé la Russie d'hommes et de citoyens !

états, où l'on jouissait et où l'on jouit d'une liberté modérée, d'une vie douce et tranquille, et où la société était et est régie par des lois fondamentales. Nous n'ignorons pas que le fait seul de l'existence d'un gouvernement en démontre l'utilité, et que le despotisme lui-même est préférable à une anarchie continuée. La question n'est pas là : elle est dans la prééminence du gouvernement représentatif sur les autres ; or, la différence en faveur de celui-ci est immense, ce qui nous est facile à prouver, en montrant qu'ailleurs la liberté individuelle est précaire et illusoire, et que les lois dites fondamentales ne sont rien moins que ce qu'indique leur nom.

Dans cette France qu'on vient de citer, un ministre, une maîtresse, un favori, le rapport de quelque commis vous envoyait à la Bastille, sans jugement préalable, ou par le jugement d'une commission plus odieux qu'un acte purement arbitraire, puisqu'il déguisait l'iniquité sous les formes de la justice. De nos jours, Spandau, Spiezberg, les plombs de Venise ne reçoivent-ils pas des prévenus non jugés, ou non légalement jugés ? N'y sont-ils pas renfermés dans des cachots infects, enchaînés comme des bêtes féroces, réduits à une ration tellement mesurée qu'ils ne meurent point de faim, pour que leurs tourments soient prolongés, et enviant dans leurs rêves les os et le pain de son qu'on jette aux chiens? Et tout cela se passe sous des princes humains et justes, tant est malfaisant, de son essence, tout gouvernement arbitraire!

Le retour périodique des états-généraux, le vote de l'impôt par le tiers-état, anéantis ou suspendus par la simple volonté royale, le parlement sous le fouet de Louis XIV, ce parlement exilé ou cassé, voilà ce qu'on dit être les anciennes lois fondamentales de France. Les efforts que font les légitimistes, pour prouver la nécessité de l'article 14 de la charte octroyée, montrent avec évidence que le pouvoir de faire et de changer les lois constitutives, est une prérogative inhérente de la royauté absolue. Charles X se le tenait pour dit, lorsque ses *ordonnances*, en changeant la *loi électorale*, prétendirent briser l'ancienne charte, pour lui en substituer une nouvelle d'un usage moins incommode. Le gouvernement des trois pouvoirs, fondé sur le principe de la souveraineté du peuple, n'a pas besoin de cette arme dictatoriale. On y sait que le droit qu'a la société de sauver son existence menacée, est antérieur à tous les autres droits. Survient-il quelqu'une de ces perturbations auxquelles les peuples sont sujets et qui deviennent d'autant plus rares qu'ils sont plus heureux et plus éclairés, alors le pouvoir exécutif, toujours présent dans un ministère responsable, oppose la force à la force, et prend des mesures analogues aux circonstances, toujours secondé par la masse des citoyens lorsqu'il travaille au profit de l'ordre.

Si l'on peut encore douter que les chefs des monarchies modérées n'aient le pouvoir, qu'ils érigent en droit, de changer les lois constitutives de leurs états et que leur autorité ne soit qu'un despotisme déguisé, consacré par le *droit divin*, nous avons, pour les convaincre, l'opinion d'un génie célèbre qui a étudié et connu à fond l'ancienne monarchie française. « Quoique la « manière d'obéir soit différente dans les deux « gouvernements (le gouvernement tempéré et « le gouvernement despotique) *le pouvoir est « pourtant le même de quelque côté que le mo- « narque tourne*, il emporte et précipite la ba- « lance et est obéi. Toute la différence est que, « dans la monarchie, le prince a des lumières, « et que les ministres y sont infiniment plus « habiles et plus rompus aux affaires, que dans « l'état despotique (1). » Et ce n'est pas au profit de la liberté publique que les ministres emploient leurs lumières, mais à river les chaînes des peuples et à accroître le pouvoir de leurs maîtres.

---

(1) *Esprit des lois*, livre x, chapitre 10.

Deux grands avantages propres au gouvernement représentatif sont le *jury* et la *liberté de la presse*. Lorsque nous aurons étudié la nature de ces deux institutions, il sera facile de voir qu'elles ne peuvent appartenir dans toute leur sincérité et leur intégrité aux gouvernements qui ne reposent pas sur la souveraineté du peuple.

Du jury.

Remontons à l'origine de cette institution, dont le principe est le droit (1) et la fin la vérité (2).

Elle est destinée à défendre la société contre les passions malfaisantes des individus, et les individus contre les passions et les erreurs des juges.

La société ne peut être attaquée que par des *délits* ou actes compromettant sa sûreté et celle des citoyens, lesquelles sont inséparables.

La loi ne punit que les actions, elle laisse à Dieu le soin de punir les intentions.

Son premier vœu est donc que le corps du délit, le fait soit constaté.

Mais comme les circonstances des faits en modifient quelquefois la gravité, sa volonté est

---

(1) *Jury*, de *jus*, droit.

(2) *Verdict*, de *vere dictum*, dit avec vérité.

aussi que les circonstances des faits soient tenues en compte.

La loi, ne cherchant point à augmenter la sévérité qui est de son essence, laisse de côté les circonstances aggravantes et n'a égard qu'à celles qui atténuent les délits.

Elle donne donc mission au jury :

1° De constater si tel acte, dont est accusé le prévenu, a été réellement commis par celui-ci;

2° Si le prévenu a commis cet acte avec l'intention de le commettre; car les actes du monomane, de l'homme en délire, sont sensés appartenir, et appartiennent en effet à un autre agent qu'à celui qui en est l'instrument;

3° Si certaines circonstances n'ont point engagé le prévenu à commettre cet acte, et ne le rendent pas à quelques degrés excusable.

Ainsi, la mission du jury est exclusivement de vérifier, dans toutes ses circonstances, l'existence d'un fait, librement commis; y faire entrer une autre idée est en altérer l'essence.

Cette altération, par exemple, a lieu lorsque dans les questions posées par les juges ou dans les réponses du jury entre le mot et l'idée *culpabilité.* Nous allons le prouver.

Le prévenu ne peut être coupable que *légalement* ou *moralement.* Or, le jury ne peut dire que le prévenu soit coupable de l'une ou l'autre manière.

Il ne peut dire que le prévenu est coupable

légalement, puisque, pour l'assurer, il faudrait connaître les lois, et qu'il est composé de citoyens et non de jurisconsultes.

Pour prononcer sur la *culpabilité morale*, il faudrait que le jury pût assurer que le prévenu a non-seulement commis le fait dont il est accusé avec l'intention de le commettre, mais encore, qu'en le commettant, il a eu la volonté de mal faire, condition nécessaire pour constituer la *culpabilité morale*. Or, Dieu lit seul dans les consciences, et juge s'il y a volonté de bien ou de mal faire; les seules questions auxquelles doive répondre le jury sont donc celles-ci :

Le prévenu a-t-il commis le délit dont il est accusé ?

L'a-t-il commis avec l'intention de le commettre?

Y a-t-il des circonstances atténuantes qui l'aient porté a le commettre ?

Du moment que le jury a à répondre si l'accusé est *coupable*, il doit en appeler à sa conscience, seul juge de la *culpabilité;* mais sa conscience sera souvent en opposition avec la loi, dont il deviendra le juge et le maître.

Est-il royaliste, et interrogé si l'accusé, convaincu d'avoir voulu mettre Henri V sur le trône, est *coupable?* il doit répondre qu'en son ame et conscience l'accusé n'est pas coupable et qu'au contraire son action est très-louable.

Est-il républicain, et interrogé sur la culpabilité d'un prévenu accusé d'avoir conspiré contre L. Philippe? il doit en son ame et conscience faire la même réponse.

La même chose aura lieu s'il est anabaptiste, et qu'il ait à prononcer sur l'acte d'un de ses coreligionnaires, qui, dans une inspiration qu'il a cru venir du St.-Esprit, a tué sa fille pour l'envoyer en paradis. Cet acte, loin de lui sembler coupable, est pour lui d'un héroïsme sublime.

Vous voyez que ce qui sort de l'existence du fait altère l'esprit de l'institution du jury. Écartons donc des questions qui lui sont adressées par les juges et de ses réponses toute idée de culpabilité, et qu'elles se renferment rigoureusement dans les notions qui mettent en évidence la non existence du délit, ou son existence, avec ou sans circonstances atténuantes (1); mais aussi trop de précautions ne sauraient être prises pour faire éclater la vérité, soit qu'elle condamne, soit qu'elle absolve le prévenu.

Les deux grands moyens qu'ont les jurés de

---

(1) Quand le jury prononce qu'il y a des circonstances atténuantes, il ne juge point de la moralité de ces circonstances, car la colère et l'ivresse, qui peuvent être admises comme circonstances *atténuantes par la loi*, sont le plus souvent aggravantes aux yeux de la morale.

connaître la vérité, sont la liberté indéfinie des débats et l'épuration des témoignages par la faculté donnée à la partie publique et au prévenu de récuser un certain nombre de témoins.

La condition pour que le jury puisse manifester la vérité qu'il connaît, est sa propre indépendance absolue (1) que ne circonvient point la faveur et que ne terrorifient point les menaces (2).

Des débats consciencieux ayant ainsi éclairé toutes les questions, et infirmé ou confirmé la prévention, le *jugement* est rendu par un tribunal composé d'hommes versés dans la connaissance de la loi, aptes par conséquent à prononcer sur la *culpabilité légale* du fait, ou violation de la loi.

Le *verdict* du jury est la déclaration que le délit dont est accusé le prévenu n'a point été

---

(1) La loi anglaise, dans la vue honorable de donner plus d'autorité au verdict du jury par l'apparence de l'unanimité, a détruit l'indépendance des jurés en mettant leur conscience en opposition avec la plus impérieuse des nécessités, celle de ne pas mourir de faim. S'il en prenait fantaisie à quelque juré récalcitrant et plus robuste que ses collègues, la salle où ils sont assemblés pourrait devenir la tour d'Ugolin.

(2) Napoléon se plaignait de l'intimidation des juges, et c'est pour cela qu'il institua des présidents de cours d'assises ambulants.

commis par lui, ou qu'il l'a commis avec ou sans des circonstances atténuantes.

Le *jugement* est l'application de la loi faite par le tribunal au délit dont l'accusé est déclaré convaincu par le verdict du jury.

Le verdict écarte-t-il la prévention, le tribunal déclare l'accusé *non coupable* et ordonne qu'il soit mis sur-le-champ en liberté, s'il était en état de détention.

Le verdict confirme-t-il la prévention, le tribunal déclare l'accusé *coupable* du délit prévu par la loi et lui applique les peines qu'elle y a attachées.

Ainsi, le jury est l'organe de la vérité; les juges sont les organes de la loi.

Le génie de la justice sociale, ayant compris que l'instinct des juges penchait pour la rigoureuse application de la loi dont ils sont les prêtres et les ministres, l'a contre-balancé en lui opposant l'instinct des jurés qui penchent en faveur de leurs pairs (1): de là naît l'équilibre, l'équité des jugements; là est la vraie justice du *peuple*, l'autre est celle des cannibales!

Dans le conflit pour lequel interviennent les

---

(1) « L'homme a des entrailles et la loi n'en a point. » (Napoléon.)

juges et les jurés, les parties sont la société et les prévenus.

La justice ne prend parti, ni pour la société contre les prévenus, puisque l'intérêt souverain de la société est que les individus soient équitablement jugés ; elle ne prend point parti pour les individus contre la société, puisque leur ensemble formant la société même, il est de leur plus grand intérêt qu'elle soit protégée contre les délits qui compromettent sa sûreté; elle tient entre eux la balance égale, et leur donne les mêmes moyens de manifester et de faire triompher la vérité.

De la presse politique.

La presse est la parole de la société.

La parole a pour fin de manifester les idées et les sentiments.

Les idées et les sentiments sont relatifs aux besoins et aux intérêts.

Les besoins et les intérêts politiques se concentrent dans les partis.

La monarchie représentative forme naturellement trois partis, dont l'ensemble comprend la totalité des besoins et des intérêts de la société, parti démocratique, parti aristocratique, parti de la royauté. Entre les opinions de ces trois partis, il ne peut y avoir que des opinions bâtardes sans résultat, et destinées à être effacées par les autres qui ont un caractère déterminé (1).

La presse exerce un immense pouvoir sur chaque parti dont elle exprime les idées et les sentiments, et dont elle défend les intérêts; mais ce pouvoir varie et passe avec les passions dont il est l'instrument.

La presse n'est pouvoir social permanent, qu'autant qu'elle est la voix de la société entière, et qu'elle recueille de chaque parti, ce qu'il dit de vrai et de bon pour en faire la propriété de tous, ou l'opinion publique.

Plus les partis trouvent d'obstacles à leurs intérêts spéciaux, plus ils ont de violence, laquelle appelle la violence, de sorte que les partis sont réciproquement contenus par leurs propres passions.

Si vous ôtez la parole à l'un de ces partis, vous le privez de son moyen de communication, de défense et d'action, vous donnez aux deux autres une prépondérance qui rompt l'équilibre social.

---

(1) Ce qu'on nomme *tiers-parti*, et qui n'est que le *quart-parti*, est une nuance entre un terme moyen et un extrême. Le *juste-milieu* est terme moyen entre deux extrêmes. Ceci sent un peu son doctrinaire, mais je n'ai point peur de passer pour avoir des doctrines.

Accordez à un seul le privilége de la parole, il y aura despotisme sur les consciences et les opinions de la majorité.

Quel est le résultat de ces considérations? c'est que LA LIBERTÉ DE LA PRESSE est une des conditions primitives du gouvernement représentatif, et que cette liberté ne souffre d'autres limites que la sûreté de l'état, car *la loi a droit de défendre tout ce qui est nuisible à la société* (1).

C'est donc au législateur à juger quelles sont les bornes que l'état actuel des mœurs et de l'éducation politique du peuple, rend nécessaires à la société.

Nous pensons que, dans notre gouvernement fondé par la souveraineté du peuple, et au degré de civilisation où nous sommes, la presse, sauf une exception, celle de la violation de la morale publique, doit être affranchie de toutes limites.

Eh! quoi! dira-t-on, vous permettez de saper les principes même sur lesquels reposent nos institutions, soit en prêchant l'absolutisme, soit en prêchant la république! Et pourquoi non, si en même temps on se soumet aux lois! Se parjure-t-on pour attaquer ce qu'on a juré de défendre, on est puni par sa conscience, par le mépris

---

(1) Maxime de la Convention consignée dans la déclaration des droits.

public. Liberté de discussion avant tout : s'il y a un principe supérieur à la souveraineté du peuple, il faut bien l'adopter; si la république ou l'absolutisme valent mieux que la monarchie représentative, il faut encore les adopter. Mais s'il en est autrement, tranquillisez-vous, on ne prouve pas contre la vérité; la raison viendra au secours de la presse, elle réfutera les arguments de ses adversaires, elle tirera de nouvelles forces de sa lutte, et elle fera passer dans l'opinion publique ce qui n'était que la croyance raisonnée des plus éclairés.

Tout ce qui est théorie et raisonnement et qui est attaqué par la presse, peut être défendu par la presse. Il n'en est pas ainsi de la violation de la morale publique (1). Tout ce qui attaque les mœurs, nuit aux mœurs et fait tache, s'il ne

---

(1) Les mœurs sont la sève d'un peuple ; lorsqu'elle se corrompt, l'arbre se dessèche ou languit. Le théâtre a sur elles une redoutable influence. La représentation d'aucun drame, à laquelle ne pourrait assister une mère de famille ayant à ses côtés ses jeunes filles, ne saurait être permise. Toute pièce nouvelle devrait être soumise à des magistrats spéciaux qui, s'ils la jugeaient dangereuse, la renverraient à un jury composé de l'auteur, des acteurs, d'un certain nombre de littérateurs, et de femmes connues par de bons ouvrages, et la sage éducation qu'elles auraient donnée à leur famille.

fait plaie. Diffamer est au moins faire soupçonner. La diffamation surtout envers le chef de l'état, personnification de la société, est odieuse, parce qu'elle a pour objet quelqu'un qui ne peut même vouloir se défendre; elle est non-seulement délit politique, mais encore manque aux convenances envers la majorité de ses concitoyens dont elle blesse les affections. Bien que l'outrage ne puisse s'élever assez haut pour atteindre celui à qui il s'adresse, et qu'il retombe de tout son poids sur le diffamateur, il ternit cependant l'atmosphère qui environne le magistrat suprême, et en affaiblissant le respect qui lui est dû, il s'attaque à la société elle-même, dont il compromet plus que l'existence, en affaiblissant le sentiment qu'elle doit avoir de sa propre dignité.

Par ce qui précède, on voit que le *jury* et *la liberté de la presse* sont, ainsi que nous l'avons dit, deux bienfaits, dont peuvent seuls jouir, dans toute leur plénitude, les gouvernements libres, parce que la presse, maîtresse d'elle-même, renverserait les gouvernements arbitraires, et que la confiance du jury justifierait ceux qui les auraient renversés. On jugera, par le tableau suivant de la presse quotidienne, combien il faut qu'un gouvernement ait ses racines dans la vérité et dans l'utilité commune pour résister aux orages que la presse soulève de toutes parts.

TABLEAU

DES

PRINCIPAUX JOURNAUX QUOTIDIENS.

Non tam omnia universi, quam ea quæ ad quemque pertinent singuli carpebant. (TITE-LIVE, liv. 34.) Chacun s'occupant moins de l'intérêt général que de ses idées particulières.

NOMS des JOURNAUX.	LEUR ESPRIT.
CONSTITUTIONNEL.	Magasin d'idées achalandées ; faisant de l'opposition avec esprit, sans chaleur et sans conviction, et plutôt rival qu'ennemi du ministère.
TEMPS..........	Visant au progrès sans en avoir déterminé le but. — Opposition qui se respecte, irritée cependant de ne pas avoir obtenu ce qu'elle croyait mériter, et que peut-être elle méritait.
COMMERCE.......	Opposition honorable qui ne s'arrête que devant le gouffre de la république et de l'absolutisme.
COURRIER.......	Incorruptibilité et inflexibilité puritaines de l'ancien libéralisme anti-chrétien et anti-aristocratique. — Mécontent et frondeur plutôt que révolutionnaire. — Ne sachant ni ce qu'il veut politiquement ni ce qu'il doit vouloir.
MESSAGER.......	Le moins juste, dans ses boutades anti-ministérielles, des journaux du tiers-parti.
TRIBUNE........	Opposition radicale. — On pourrait nommer ce journal l'*anti-commercial* et l'*anti-industriel*, puisqu'il voudrait que la France passât tout son temps en guerre de propagande et en discussions sur la place publique. — Duelliste furieux qui s'enferre lui-même dans l'épée de son adversaire.

NOMS DES JOURNAUX.	LEUR ESPRIT.
NATIONAL.......	Opposition anti-dynastique, traitant d'égal à égal avec les rois, leur ayant déclaré la guerre et n'attendant qu'à avoir 500,000 baïonnettes pour entrer en campagne. On pourrait changer son nom en celui d'*anti-parisien ;* car, en prêchant le fédéralisme et l'élection périodique, il ôte a Paris son influence et sa splendeur, et à la France le centre d'unité sur lequel elle gravite depuis plus de mille ans. Faites un Lyonnais, un Marseillais, un Bordelais, président-roi de nos 86 départements, chacun de ces chefs éphémères voudra transporter dans sa ville natale le chef-lieu du gouvernement. — Plus de talents que d'impartialité; plus de passion que de justice; plus de raisonnement que de raison; plus de phrases que de principes. — Prédication de l'égalité avec le ton tranchant du despotisme et la morgue de l'aristocratie.
DÉBATS.........	Ministériels indépendants. — Littérateurs savants à vues saines et profondes. — Critiques presque tout-à-fait impartiaux. — Publicistes adroits, logiciens nets et serrés, pliant les principes aux époques. — Populaires autant qu'il faut pour ne pas s'aliéner le peuple, habiles appréciateurs des circonstances, tâtant le pouls aux temps, entremetteurs du passé et de l'avenir, ils sont, non la voile et le gouvernail, mais le lest et les gardiens de la civilisation.
MONITEUR.......	Machine à nouvelles vraies lorsqu'elles disent faux, et fausses lorsqu'elles disent vrai. — Raison officielle.
JOURNAL DE PARIS.	*Idem.* Famille et variation du Moniteur.
JOURNAUX LÉGITIMISTES........	Fanfarons qui chantent pour s'aguerrir et pour persuader à leur parti qu'il n'est pas vaincu. — Crédules comme de vieilles femmes, et plus incrédules que saint Thomas. — Anciens monopoleurs criant contre le monopole qu'ils ne peuvent plus faire. — Plus libéraux que les libéraux, proclamant le suffrage universel, soumettant l'hérédité *de droit divin* à la souveraineté de l'élection, et républicains si le futur congrès général se prononce pour la république.
JOURNAUX DES DÉPARTEMENTS. .	Affranchis de la presse parisienne, qui pensent qu'il vaut mieux s'occuper d'améliorer les produits du travail, du commerce et de l'industrie, que d'en arrêter l'essor en harcelant à tout propos justement ou injustement le gouvernement.

(*Nota.*) Depuis la rentrée des Chambres, l'opposition constitutionnelle met moins d'acrimonie dans ses journaux.

Objections contre la monarchie représentative héréditaire du 7 août.

Les objections élevées contre la monarchie du 7 août viennent principalement de deux partis opposés, dont l'un veut la liberté poussée jusqu'à ses dernières limites, si ce n'est au-delà, et l'autre demande une obéissance passive à la royauté de droit divin. Il n'est pas difficile de voir que des opinions extrêmes et opposées, et qui ne s'accordent que pour renverser le gouvernement existant, se détruisent par leur opposition même, et ne laissent subsister que l'opinion moyenne qui les repousse également, et contre laquelle elles viennent se heurter. « Je serais républicain, si je n'étais légitimiste,» dit M. de Châteaubriand (1). Je serais légitimiste, doit dire l'homme du parti contraire, si je n'étais républicain; tandis que le vrai publiciste est pour la monarchie constitutionnelle. De cette observation générale, nous allons passer à l'examen particulier des diverses objections qui, depuis trois ans, ali-

(1) Voyez sa lettre aux électeurs de Quimperlé. Sa déclaration, quoique ayant le double effet de pousser à la république et au droit divin, n'a qu'un seul et même but, le rétablissement de Henri V.

mentent les colonnes des journaux des trois oppositions. Nous ne dissimulerons en rien leur force, et nos réponses seront uniquement dictées par l'amour de la vérité, qui nous tiendra lieu du talent qui nous manque, et dont nous n'avons jamais plus regretté d'être privé que dans les circonstances actuelles, persuadé, comme nous le sommes, que la société est attaquée dans ses bases les plus intimes.

Première objection. *Illégitimité de l'établissement de la monarchie du 7 août.* Nous avons déja défendu contre M. de Châteaubriand la légitimité de la royauté de L.-Philippe (1). Nous croirons l'avoir placée hors de toute controverse, si nous parvenons à prouver les cinq propositions suivantes.

1° L'élection légitime les rois. 2° Louis-Philippe a été élu roi par la nation française. 3° Les peuples ont droit de résister a l'oppression des gouvernements arbitraires, et de passer a un meilleur gouvernement. 4° Tous les arguments qu'entassent les légitimistes, pour prouver que la nation devait donner Henri V pour successeur a Charles X, démon-

---

(1) *De la Souveraineté du peuple*, depuis la page 101 jusqu'à la page 105.

TRENT AU CONTRAIRE LA NÉCESSITÉ OU ÉTAIT LA FRANCE DE NE POINT LE CHOISIR POUR ROI. 5° DANS LES MONARCHIES REPRÉSENTATIVES SEULES, LA SUCCESSION AU TRÔNE EST LÉGITIMEMENT ASSURÉE.

1° « Il ne peut y avoir usurpation là où il y a « élection (1). » Ce principe est de M. de Châteaubriand. Qui aurait, en effet, droit de disposer d'un peuple, si ce n'est lui-même? lorsqu'il n'était pas encore peuple, et qu'il n'était qu'agrégation d'hommes ne se tenant par aucun lien, où était le roi? Dans cette agrégation tous étaient hommes, et nul n'y était issu *de race de roi*. Lorsque le peuple se fit peuple, Dieu ne créa point exprès et par miracle un chef pour le gouverner; il laissa agir les moyens ordinaires que sa providence a établis pour régir les nations; et les moyens qu'ont celles-ci d'avoir un roi est de se le choisir. Elles sont, il est vrai, quelquefois obligées de subir celui que leur donne la force; il n'y a plus alors royauté légitime, il y a usurpation. Les légitimistes reconnaissent fort bien le droit d'élection pour les premières races de nos rois; ils le reconnaissent aussi lors de l'extinction des dynasties. L'élection était si bien une partie de notre droit public, que la formule

(1) *Études historiques*. Préface. CXVI.

en était écrite dans le rituel du sacre. La voici : PEUPLE, EST-CE BIEN LA CELUI QUE VOUS ÉLISEZ POUR VOTRE SEIGNEUR ET ROI ? Charles X la fit effacer des cérémonies de son inauguration à Rheims, méditant déja les ordonnances de juillet. L'évidence du droit qu'ont les nations de disposer d'elles-mêmes est si intime et si irrécusable, que les plus grands casuistes de la légitimité le confessent en dépit d'eux-mêmes, et contre leur intention, lorsqu'ils réclament le *suffrage universel*, à l'effet d'annuler ou de confirmer la nomination de Louis-Philippe, ce qui serait de leur part un non-sens, si l'unanimité ou la majorité des votes n'était droit, ne faisait loi.

Chose singulière! c'est à la réalité même, à l'évidence, à la notoriété de l'élection de Louis-Philippe, que ceux qui en nient la validité, doivent les moyens qu'ils emploient pour la combattre. Cette élection (nous en appelons à la conscience publique, et à tout homme de bonne foi) fut faite à une immense majorité, accompagnée d'un chorus si universel d'acclamations, que c'eût été un hors-d'œuvre et une sorte d'injure adressée à la France, de la volonté de laquelle on aurait semblé se méfier, si l'on eût songé à la constater par un acte positif.

Le parti républicain en y concourant, se justifiait en en proclamant la nécessité, comme il en convient encore, bien qu'il ne se montre pas fort reconnaissant envers la royauté qui nous a fait échapper à la guerre civile. Le parti royaliste, étourdi du coup qui venait d'être frappé, de l'ensemble et de la simultanéité des volontés, avait la tête baissée et la bouche close, et était aussi humble qu'il est devenu arrogant et discoureur, depuis que le dévergondage de la presse républicaine et les taquineries anti-ministérielles du tiers-parti lui ont donné courage et délié la langue. L'homme dont le caractère est honoré de toute l'Europe, chef constant de l'opposition, commandant, à cette époque, la garde nationale de France, a attesté la sincérité et l'unanimité des acclamations qui accueillirent l'élévation du duc d'Orléans sur le trône (1). Qui était alors en France, soit à Paris, soit dans les provinces, a pu se convaincre, par ses yeux et par ses oreilles, de l'enthousiasme qu'excita cet événement. C'est s'y prendre un peu tard, en 1833, que de demander à en venir au scrutin, pour constater un fait passé en 1830, à la face de la France et de l'Europe entière. Les plus simples ne voient dans cette tactique qu'un mòyen de susciter de nouveaux embarras au gouvernement. Certes, si la voix du peuple est la voix de Dieu, Louis-Phi-

(1) Voyez, dans le *Moniteur*, la séance des Députés du 6 octobre 1831.

lippe peut se dire, mais dans le sens constitutionnel, *roi de droit divin*. Car Dieu veut tout ce qui est légitime, tout ce qui assure la paix et la sûreté des sociétés.

2° Ce que les Français ont fait le 7 août 1830, les autres peuples ont le droit de le faire, lorsqu'ils se trouvent dans des circonstances pareilles. Nous nous servirons pour le prouver, des principes mêmes et des croyances de nos antagonistes.

La Bible, pour eux autorité irrécusable, fait *de David* l'homme selon le cœur de Dieu, lui qui fit la guerre à son roi et le dépouilla de son royaume. Elle exalte le courage généreux des Machabées qui délivrèrent leurs compatriotes de la tyrannie des rois de Syrie, pendant trois cent cinquante ans leurs *légitimes souverains* (1), et auxquels ils succédèrent en devenant princes de leur nation.

Les premiers chrétiens pensaient qu'il ne fallait obéir à une autorité injuste qu'autant qu'on était le plus faible, et ils le firent bien voir lorsqu'ils furent les plus forts. Tertullien a formulé leurs doctrines à ce sujet, en ces mots énergiques : Contre un tyran tout homme est soldat; *contra tyrannum omnis homo miles*.

---

(1) Suivant ce que dit Bossuet.

Les absolutistes, se prosternant devant la légitimité des Bourbons, et en reconnaissant le droit qu'eut le chef de cette race de fonder une nouvelle dynastie, dont Charles X est le dernier anneau, montrent, de la manière la plus positive, le droit qu'ont les peuples de changer de chef et de gouvernement. N'ont-ils pas eux-mêmes, presque tous sans exception, reconnu pour leur légitime souverain, le soldat qui s'était approprié la couronne de leur ancien maître? Ne lui ont-ils pas solennellement prêté serment de fidélité? Ne se sont-ils pas enorgueillis de devenir ses chambellans, et d'être décorés de ses rubans et de ses croix? Et pourquoi ne l'auraient-ils pas fait? Le souverain pontife d'alors quitta bien Rome, au milieu d'un hiver rigoureux, traversa les Alpes, pour venir reconnaître et consacrer le droit divin de l'improvisateur de la victoire, qui faisait et légitimait les rois. Le nonce de Grégoire XVI, qui réside auprès du roi des Français, n'est-il pas là pour lever tous les scrupules de leur conscience?

De l'exemple de Pepin, de Hugues Capet, de Napoléon, de don Miguel, et du pouvoir que s'est long-temps attribué la papauté, d'ôter et donner les couronnes, on doit inférer que la doctrine du St.-Siége est que les peuples ont le droit de changer de gouvernement.

Disons : ce qu'en 752 les Français eurent droit de faire en mettant Pepin sur le trône à la place de Childéric III; ce qu'ils eurent le droit de faire en 987, en mettant sur le trône Hugues Capet à la place des successeurs légitimes de Louis V, ils ont eu le droit de le faire en 1830, en se donnant pour roi Louis-Philippe à la place de Charles X.

Le lecteur me permettra de dire, en terminant cet article, que je ne l'ai point écrit sans entendre murmurer mon cœur; j'ai songé que le prince déchu est un vieillard, comme moi, près de sortir d'une carrière pleine de vicissitudes, dans laquelle va entrer son petit-fils ; j'ai senti que rien de ce qui appartient à l'homme, quelle que soit la condition où il est placé, n'est étranger à l'homme, et qu'on doit surtout profondément compatir à ces grandes et augustes infortunes, dont j'ai dû blâmer les causes, mais sans inimitié pour les acteurs.

3° Un fait historique qui n'a point, je crois, été remarqué, est que les motifs qui ont ôté la couronne aux Carlovingiens, pour la faire donner aux Capétiens, sont les mêmes que ceux qui l'ont fait ôter aux Capétiens pour la donner au duc d'Orléans, et que ces motifs (la chose bien que vraie ressemble à une fiction) sont pris dans les idées de souveraineté du peuple, agissant par des représentants, et se donnant des garanties contre les prétentions du *droit divin*.

L'assemblée des nobles qui eut lieu à Noyon en 981, soutenue de six cents hommes d'armes à cheval, élut roi Hugues Capet, à l'exclusion du légitime héritier Charles Ier, duc de la Basse-Lorraine, frère de Louis d'Outremer, et oncle de Louis V, dernier roi de la famille des Carlovingiens, lequel tenait sa couronne de son père Lothaire. L'ASSEMBLÉE DONNA POUR MOTIFS DE CE CHOIX, LA NÉCESSITÉ OU ELLE SE TROUVAIT D'OTER A HUGUES CAPET TOUTE PRÉTENTION DE RÉGNER DE PLENO JURE, PAR DROIT INNÉ, PAR DROIT DIVIN, COMME L'AVAIENT FAIT LES DESCENDANTS DE CHARLEMAGNE (1). Ainsi plus les légitimistes entassent d'arguments en faveur de Henri V, pour prouver son droit de régner de *pleno jure*, plus ils mettent en évidence la

---

(1) M. de Châteaubriand, en vue de légitimer les Capétiens, a pris le parti de nier que, du temps de Hugues Capet, la succession héréditaire au trône fût établie (Études historiques, tome III, 293). Dans cette hypothèse, *le droit divin* ne serait qu'une institution sociale que les peuples auraient droit de modifier et de changer. Mais le droit d'hérédité était si bien connu à cette époque, que le prince dépossédé le soutint les armes à la main. Il fut vaincu, renfermé dans une prison, où il mourut au bout de deux ans, et *Hugues Capet fut roi légitime.*

nécessité où, après les journées de juillet, était la France de l'exclure du trône. Si elle l'avait élu, ce choix eût été regardé, non comme une libre concession, mais comme l'aveu éclatant d'un droit imprescriptible reconnu par la nation, et nous aurions encore le principe du droit divin, au lieu d'avoir celui de la souveraineté du peuple.

4° Est-ce donc, nous dira-t-on, un si grand bienfait que la conquête d'un principe par qui toute stabilité dans les gouvernements est rendue impossible, qui laisse aux peuples à juger si la somme des griefs dont ils se plaignent comble la mesure, et les autorise à se débarrasser de leurs chefs, et qui fait, en un mot, de *l'insurrection le plus saint des devoirs?* Loin de là : c'est au contraire pour rendre plus rares, et comme impossibles, ces catastrophes sociales, que nous nous attachons au principe de la souveraineté du peuple, laquelle ne peut avoir son exercice plein et normal que dans la monarchie représentative (1), et qui seul sanctionne et légitime l'autorité de ceux qui gouvernent. Toutes les révolutions politiques, en définitive, proviennent de l'instinct secret qui porte les peuples à se

---

(1) *De la Souveraineté du peuple*, page 171.

délivrer d'une autorité imposée par la force et entachée d'usurpation, et à se donner le gouvernement le meilleur. Ils ne le trouvent ce gouvernement que dans la monarchie des trois pouvoirs. Prouvons les trois propositions suivantes, dont la dernière sera bien mal sonnante pour les oreilles des républicains; mais n'importe, nous la livrons à leur critique sans craindre qu'ils en triomphent par la raison.

1° Il ne peut y avoir de légitimité véritable que dans les gouvernements fondés sur le principe de la souveraineté du peuple.

2° Les peuples, une fois en possession de la monarchie représentative, ne peuvent avoir ni la volonté, ni le droit de changer leur gouvernement.

3° Les peuples une fois en possession de la monarchie représentative, ne peuvent avoir ni la volonté, ni le droit de changer la dynastie qu'ils ont établie

1° La *légitimité*, dans le sens le plus étendu de ce mot, est *conformité au droit;* dans son application au sujet dont il s'agit, elle est *droit de gouverner héréditairement un peuple.* Dans son acception étymologique, la première de ces légitimités est *conformité à la loi naturelle;* la seconde est *conformité à la loi politique.* Celle-ci n'est légitime, n'est droit qu'autant qu'elle dérive de la première.

Maintenant le premier des droits, la première des légitimités d'un peuple est de s'appartenir et de pouvoir disposer de lui-même. Si les rois sont de nature à être légitimés, à plus forte raison les peuples de qui sortent les rois. La légitimité des premiers dérive donc de la *loi naturelle*, la légitimité des seconds dérive de la *loi politique*.

Tous les actes nécessaires à la conservation des peuples participant à la légitimité de la source d'où ils émanent, on doit conclureque l'*élection*, acte du peuple par excellence, légitime naturellement l'autorité de ceux qui sont choisis pour régner.

Or il ne peut y avoir d'élection véritable si elle n'est libre et indépendante, ce qui ne peut avoir lieu que là où le peuple est souverain. Empêcher l'élection, s'en rendre maître, est violence et usurpation, ainsi que l'a observé, pour la France, M. de Châteaubriand : LE SACRE Y USURPA L'ÉLECTION.

La légitimité politique est ainsi la suite d'un acte libre du souverain. Le roi est roi par la *grace du peuple* sanctionnée par la sagesse divine, qui veut que les peuples aient des chefs, et qui en sanctionne aussi l'hérédité, parce qu'elle veut la stabilité des gouvernements.

Les descendants du roi élu, non personnellement élus, règnent en vertu de l'élection primitive qui a fait la dynastie héréditaire.

A ce compte, dira-t-on, les rois qui règnent de nos jours sont pour la plupart usurpateurs. Leur autorité étant entachée d'injustice, chacun est libre de ne pas leur obéir, et les peuples ont droit de s'en délivrer; quitte à eux de se soumettre aux chances de l'élection. Cette conclusion de nos principes est trop étendue; en les posant, nous n'avons entendu rien moins qu'à faire de la propagande : ce qui suit en fixera la véritable portée.

Dieu n'a point voulu que la civilisation naquît toute faite, son dessein a été qu'elle fût en partie l'ouvrage de l'homme. Elle passe donc par des phases progressives, dont le dernier terme est la participation du plus grand nombre possible de citoyens à l'élection, et à l'administration des affaires publiques, ce en quoi consiste la souveraineté du peuple. Les diverses phases par lesquelles elle passe avant d'arriver à cette dernière limite, ont chacune leur *légitimité relative*, car les peuples, dans aucun temps, ne peuvent exister sans justice, sans légitimité. Tout ce qui, dans chaque période, se fait d'utile à la société, à l'assentiment général, est juste et légitime.

Dans la période qui a commencé la civilisation, la force brute prédominante, en contenant une infinité de forces subalternes désordonnées, en les ramenant à l'unité, en opérant la cohésion des éléments sociaux, en substituant l'esclavage au meurtre du vaincu, dans la vue d'en faire un instrument utile, cette force elle-même a eu sa *légitimité relative.*

Dans les périodes subséquentes, les actes des gouvernements sont d'autant plus empreints de légitimité qu'ils sont utiles à un plus grand nombre de citoyens.

A l'époque où nous vivons, la civilisation des grands états de l'Europe est telle que, sans secousses ni révolutions, on peut, par voie de réforme, arriver au principe du gouvernement représentatif, dont les avantages sont aussi grands pour les rois que pour les peuples.

Les premiers trouveraient, sans doute, dans leurs sujets peu de sympathie pour une guerre dont le but serait d'anéantir le principe destiné à perfectionner la civilisation; mais que les révolutionnaires ne s'y trompent pas, si les peuples étaient appelés à élire leurs rois, leur choix tomberait presque à l'unanimité sur ceux qui les gouvernent présentement. De cette prédilection tacite et incontestable pour leurs chefs résulte la légitimité de ceux-ci : il y manque, pour qu'elle soit absolue et explicite, non qu'ils se soumettent à l'élection, et qu'ils appellent leurs sujets à un congrès général, mais qu'ils reconnaissent le droit de conférer l'autorité à ceux à qui ce droit appartient. Tant qu'ils ne voudront n'avoir pour titre que *Dieu et leur épée*, leur pouvoir sera sujet à accident, car leur épée peut s'émousser contre une autre de meilleure trempe, et ils n'ont point comme autrefois les miracles à leur disposition pour forcer la foi politique de leurs sujets. Qu'ils changent leur axiome de droit divin : *A Deo rex, a rege lex*, le roi vient de Dieu, la loi vient du roi, en celui-ci qui est incontestable : *A populo reges, a rege et populo leges*, les rois viennent des peuples, les lois viennent du peuple et du roi. Ceci nous mène à notre seconde proposition.

2° *Droit* et *raison* sont deux notions qui s'impliquent, et l'on ne peut les concevoir l'une sans l'autre. Il ne peut y avoir droit contre la raison, ni raison contre le droit. Or la raison défend aux peuples ainsi qu'aux individus de se faire mal (1), de se mutiler, de se suicider. Un peuple peut donc avoir raison lorsque, sans faire de trop grands sacrifices, il passe d'un gouvernement imparfait à un gouvernement meilleur; mais lorsqu'il est établi dans celui qui seul lui permet

(1) *De la Souveraineté du peuple*, page 191.

d'exercer sa souveraineté, qui suffit aux intérêts de toutes les classes de citoyens, et où toutes les améliorations peuvent se faire successivement sans trouble et sans révolutions, s'il cherchait à échanger ce gouvernement contre un autre, c'est-à-dire à rétrograder vers la barbarie, il agirait contre toute raison, *il n'en aurait point le droit;* et, comme de cette tentative désordonnée naîtraient pour lui des maux sans fin, il ne pourrait en avoir la volonté.

3° On accorde, dira-t-on, qu'un peuple qui jouit de la monarchie représentative héréditaire n'ait point droit de changer son gouvernement, puisque, s'il le faisait, il agirait contre ses propres intérêts, et par conséquent contre la raison; mais lui refuser le droit de changer la dynastie établie, n'est-ce pas borner, c'est-à-dire détruire son droit de souveraineté? Nous répondons que ce peuple ne saurait avoir ce droit, s'il n'a des raisons valables pour justifier cet acte. Or, dans le gouvernement représentatif, ces raisons ne peuvent exister, tandis qu'au contraire il en existe d'irréfragables pour conserver la dynastie élue. Nous allons montrer la vérité de ces assertions.

La stabilité des états, preuve et effet de leur bonne constitution, a une grande influence sur le bien-être des citoyens, et sur le développement de la civilisation. L'agriculture, le commerce, la science et les arts ne peuvent fleurir là où les lois fondamentales sont soumises à des vicissitudes sans cesse renouvelées. Le chêne ne prend point racine dans un sol mouvant. Une succession non interrompue de rois dans une même famille intéressée au maintien du gouvernement, ne contribue pas médiocrement à sa stabilité.

L'idée de cette succession antérieure non interrompue semble elle-même être le garant, le symbole et le moyen de la stabilité future des gouvernements. On aime à croire que ce qui a si long-temps duré durera toujours, et cette croyance sert à en prolonger la durée. C'est une bien ignorante philosophie que celle qui ramène tout au positif, et qui veut ôter ses prestiges à l'imagination des peuples. M. de Châteaubriand est plus avisé lorsqu'il *noue aux cheveux du jeune orphelin les mille ans de l'existence de sa race.* La perspective des âges non moins que celle des lieux agrandit l'horizon, et colore les tableaux de la vie des nations. *Major a longinquo reverentia.*

« A chaque règne, dit Rousseau, l'élection ébranle l'état. » Tout changement de dynastie nécessitant l'élection menace le pays de dangereuses perturbations. La raison veut donc qu'on s'en abstienne, si ce n'est dans le cas d'une impérieuse nécessité, lequel ne peut se présenter dans la monarchie représentative, ainsi que nous le dirons tout à l'heure.

Un roi nouveau, quel que soit d'ailleurs son mérite, a contre lui la nouveauté de son règne. Dans Louis-Philippe, a pu heureusement s'allier le bienfait de l'élection et le prestige d'une antique race.

Un roi qui aurait à craindre de se voir exiler du trône par les intrigues de quelques factieux serait sans cesse occupé à augmenter son autorité pour pouvoir la maintenir par la force et la transmettre à ses enfants. Cette crainte continuelle de se voir injustement dépouillé entretiendrait une méfiance continuelle entre lui et la nation.

Les avantages qui résultent de la succession non interrompue des dynasties héréditaires, les inconvénients que produit l'interruption de cette hérédité, seront sans doute admis en thèse générale; mais on dira qu'il survient des cas particuliers où un prince met en danger la liberté et la sûreté de l'état, et qu'alors la première des lois, le salut du peuple, donne non-seulement droit, mais fait encore un devoir de se délivrer de lui, et, si besoin est, de sa famille. Nous répondons que ces motifs de légitime émancipation, qui peuvent avoir lieu dans les gouvernements arbitraires, ne sauraient se produire dans la monarchie fondée sur le principe de la souveraineté du peuple.

C'est l'opinion de l'indépendance de leurs droits, et que le peuple français était leur pleine propriété innée, qui a causé l'expulsion des Carlovingiens et des Capétiens; la même conviction anime les chefs de toutes les monarchies fondées sur le droit divin; ils s'en font un cas de conscience; ils en tirent les mêmes conséquences, sujettes aux mêmes résultats, tandis que le roi constitutionnel ne peut se faire illusion sur l'origine de son pouvoir, sur sa participation au contrat qui lui a donné la couronne, et sur les conditions auxquelles il la possède. Tout, dans le gouvernement des premiers, est ordonné pour que leur pouvoir n'ait d'autres bornes que leur propre volonté; tout, dans le gouvernement du second, est ordonné pour qu'il trouve des limites infranchissables dans les lois constitutives et dans la volonté générale.

Dans la monarchie représentative, les pouvoirs sont tellement distribués, tellement balancés, surveillés et contenus les uns par les autres, que celui qui est chargé de diriger la force publique ne peut en abuser (1).

---

(1) M. de Lafayette, qui s'est vu dans la nécessité de *dé-*

Et d'abord la loi a fait cette force nationale. Comment se servir d'une portion de cette force contre la totalité de la nation, sans craindre de la voir tourner contre soi-même? Où les soldats ont-ils leur père, leur mère, leurs sœurs, si ce n'est dans cette nation armée en possession des droits qu'elle a conquis? Plus l'expérience perfectionnera le gouvernement représentatif, plus les citoyens s'éclaireront sur ses avantages, plus leurs baïonnettes deviendront intelligentes, plus il sera impossible de les soumettre à l'arbitraire. Voyez : les absolutistes eux-mêmes sont déja obligés de parler liberté et suffrage universel.

De plus, la force des baïonnettes que fait mouvoir le pouvoir exécutif dépend d'une autre force supérieure qui peut soudain paralyser la première. Cette seconde force est celle des finances, dont disposent les deux chambres au moyen de l'impôt.

Les desseins d'un roi coupable s'arrêtent d'abord devant l'intérêt de ses agents. Il y va de la fortune, de la liberté, de la vie des ministres.

---

fendre la liberté contre la république, n'aura point l'embarras de *défendre la monarchie contre la liberté* (séance *des députés* du 3 janvier 1834), parce que la monarchie représentative et la liberté sont inséparables.

Les tours de Ham attestent que la responsabilité ministérielle n'est pas un vain mot.

Supposons la plus habile connivence, tenue dans le plus profond secret : la presse n'est-elle pas là avec ses mille yeux, ses mille oreilles, et ses mille voix, à défaut de vérité, publiant le vraisemblable et le faux ?

Et pourquoi, en dernier ressort, ces tentatives sans espoir de succès de la part du roi constitutionnel pour changer la forme du gouvernement ? Dans quelle autre se trouvera-t-il mieux, trouvera-t-il plus de puissance, plus de dignité, plus de sécurité ? qui le portera à échanger la plus relevée des positions contre des dangers assurés ? On ne fait point le mal par amour du mal, par le plaisir seul de mal faire : or celui qui possède tout ce qui est humainement souhaitable ne peut avoir aucun intérêt à mal faire : le roi constitutionnel ne peut mal faire; de son *innocuité* (1) naît son inviolabilité.

Le mal qu'il ferait serait folie, cas d'interdiction tant qu'elle durerait, non de déchéance. Sous tous les points de vue, les conditions des gouvernements arbitraires et représentatifs sont

(1) Nocuité, innocuité, mots aussi nécessaires à la langue parlementaire que le mot *culpabilité*, qui naguère était néologisme.

différentes. La folie de Charles VI faillit perdre la France ; l'immoralité, autre genre de démence, de Louis XV, en affaiblit tous les ressorts, tandis que l'aliénation momentanée de George III, et les mœurs non irréprochables de plusieurs de ses prédécesseurs, n'interrompirent point le cours des lois, et n'altérèrent en rien la prospérité de la Grande-Bretagne. Les rois absolus se placent au-dessus de leur nation ; à peine croient-ils n'être que des hommes ; les rois constitutionnels, créatures des peuples, en sont un organe nécessaire. N'y aurait-il pas injustice et cruauté, ne serait-ce pas se nuire à soi-même que de punir quelques faiblesses inséparables de la nature humaine avec une irrémissible sévérité ?

Si donc, dans aucune circonstance, aucun motif d'utilité majeure ne peut engager un peuple à changer son roi constitutionnel, si, au contraire, ce changement entraîne de graves inconvénients, LA RAISON, QUI EST LA LOI SUPRÊME (*lex est recta ratio*), N'EN DONNE PAS LE DROIT. D'un autre côté, comme la volonté n'est déterminée que par le désir de se faire du bien, ou d'éviter le mal, nous sommes autorisé à dire que, dans les monarchies représentatives, les peuples ne peuvent avoir ni la volonté ni le droit de changer les dynasties qu'ils ont établies.

Le gouvernement des trois pouvoirs a donc

SON DROIT DIVIN ÉLECTIF fondé sur la vérité, par conséquent sur la volonté de Dieu, et destiné à assurer la stabilité des empires, ainsi que l'indépendance des peuples et des rois ; tandis que le DROIT DIVIN INNÉ est fondé sur l'ignorance des peuples, qu'il donne comme un troupeau en héritage à une famille, et que, toujours vacillant, il gravite vers un établissement plus parfait.

Ce que nous venons de dire réduit à bien peu la valeur de l'objection que le plus fort des journaux légitimistes fait en faveur de sa cause. La voici : « La république est la conséquence de la souveraineté du peuple. Si le « peuple a le droit de faire la royauté, il a le « droit de l'abolir. Que répondra-t-on (1)? » Nous répondrons que le mot *peuple* implique multitude, grands, et chef, qui ne forment qu'un même corps politique, dont l'existence et les intérêts étant unis, produisent la véritable république, celle que Cicéron a définie la chose du peuple, la chose de tous, *res populi*, non celle de 93, comme l'entend le journaliste. *S'il* le peuple) *a le droit de faire la royauté, il a le droit de l'abolir.* Le peuple ne fait point la royauté, elle naît toute faite; en élisant un

(1) *Gazette*, novembre 1833.

roi, il ne fait que transporter dans l'ordre politique ce qui déja était dans l'ordre naturel; il ne peut avoir ni la volonté ni le droit de se délivrer de la royauté constitutionnelle et de la dynastie qu'il a établie, parce qu'il n'a ni la volonté ni le droit de se nuire à lui-même, et que les révolutions, toujours accompagnées de maux effroyables, ne pourraient lui offrir aucune chance favorable qui lui donnât mieux que ce qu'il a.

Entre le principe du droit divin et la souveraineté du peuple est une opinion moyenne que nous allons examiner.

Opinion de M. de Salvandy sur l'établissement de la royauté du 7 août.

Dans son livre, *Seize mois de révolution*, « destiné à établir les véritables principes de « l'ordre social (1), » et renfermant un grand nombre de vues saines, de faits bien observés, d'idées patriotiques, et de nobles sentiments, chaleureusement exprimés, M. de Salvandy se déclare avec force contre la souveraineté du peuple; et pour mieux assurer le trône consti-

(1) *Avertissement*, page 1re.

tutionnel, il le fonde sur la légitimité capétienne. Je réfuterai ses opinions sur ce double objet; non seulement parce qu'elles sont opposées aux miennes, mais encore parce que, si je ne me trompe, elles vont contre leur but, qu'elles nuisent à ce qu'elles prétendent servir, et ébranlent ce qu'elles cherchent à consolider. Il fallait que l'honorable écrivain fût plus sûr de ses intentions que des moyens d'en assurer l'effet, à en juger par la circonspection qu'il met à traiter son sujet, et en s'en excusant, pour ainsi dire, par la citation qu'il fait de la maxime du cardinal de Retz, que *les droits respectifs des peuples et des rois ne s'accordent jamais mieux que dans le silence*. A ce compte, il eût mieux fait de se taire et de s'envelopper des voiles d'une mystérieuse obscurité. Mais cette tactique, bonne à l'égard du mensonge, qui ne tient à rien, et que fait évanouir le souffle de la parole, est un outrage à la vérité, qui hait les ténèbres des réticences, et qui ne se plaît qu'au grand jour. Mieux on la voit, plus on y croit, et plus on est forcé de s'y attacher. On a beau creuser autour d'elle, il n'y a point à craindre d'arriver au-dessous de ses racines; plus on pénètre en avant, plus elles s'enfoncent dans les profondeurs de notre être, qu'elles étreignent de toutes parts. Connaître ce qu'elle dit sur le principe constitutif des sociétés, est ce que cherche l'esprit éminemment logique de la France, qui ne se paie plus de mots, et qui ne croit qu'à ce qui est prouvé. De ses incertitudes touchant ce point capital, naissent en grande partie les agitations qu'elle éprouve. « Il y « a dans nos opinions un malentendu terrible(1). » Loin de l'éclaircir, le silence ne servirait qu'à l'augmenter.

Dieu, qui gouverne le monde par le DROIT, et qui a voulu la coexistence des peuples et des rois, n'a pas mis leurs droits en contradiction. Ces droits se concilient dans le principe de *la souveraineté du peuple*, qui seul peut fonder l'indépendance des peuples, la légitimité des rois, et l'inviolabilité de leurs dynasties. M. de Salvandy est bien loin de le penser. « On refusa de « rendre au droit national le nom de monstrueux « souveraineté du peuple, qui fonde la constitu- « tion des états sur deux équivoques subver- « sives (2). » Il n'y a de monstrueux dans ce nom que la fausse interprétation qu'y donne l'imagination effarouchée des épouvantables applications qu'on en a faites. Donnez aux mots leur acception véritable, n'y faites entrer que les idées

---

(1) *Seize mois de révolution*, page 242.

(2) *Ibidem*, page 201.

qu'ils renferment, et la souveraineté du peuple n'aura plus rien d'*ambigu* ni de *subversif;* elle sera la conception primitive, l'inaltérable base de l'ordre social.

Le *droit* de SOUVERAINETÉ implique tous les pouvoirs, hors celui de *mal* faire. L'omnipotence de la Divinité n'est souveraineté absolue que moins le pouvoir de faire le *mal.*

La souveraineté est donc soumise à la justice et à la raison (1).

Dans la force brute ne peut donc être *droit* de souveraineté, puisque cette force méconnaît la justice et la raison.

Dans le peuple il n'y a donc souveraineté qu'autant qu'il se soumet à la justice et à la raison. — Attachons maintenant au mot *peuple* les idées qu'il renferme.

Qui dit PEUPLE ne dit pas agrégation d'hommes isolés, n'ayant qu'une puissance individuelle, qu'une valeur numérique (2), et qu'il faille seulement compter sans les peser.

---

(1) Elle réprouve, par conséquent, le parjure et la violation textuelle du serment prêté au roi.

(2) Peuple vient de *populus*, peuplier, à cause de la multitude de feuilles de cet arbre, auxquelles il ne serait pas juste de donner la même valeur qu'aux racines, à la tige, aux branches et aux fruits.

Qui dit PEUPLE dit *association* d'individus, liés par les rapports de divers degrés de valeur, et qu'il faut encore plus peser que compter. Que d'individus à mettre dans le plateau de la puissance opposé à celui où serait Napoléon!

Les individus qui composent un peuple doivent donc être considérés sous deux aspects, numériquement et relativement, en leur qualité d'*hommes*, et en leur qualité de *citoyens*.

En tant qu'hommes, les individus qui composent un peuple ont les mêmes droits, parce que la source d'où émanent ces droits est pour tous la même, est la nature humaine.

En tant que citoyens, ils diffèrent entre eux, parce que la source de leurs droits est dans la valeur de leur mise sociale, dans leurs capacités politiques.

Mais, comme les plus sacrés des droits sont ceux que nous tirons de notre nature d'hommes, et que les moindres individus sont d'ailleurs liés aux autres citoyens par leur utilité sociale, ne fût-ce que par le travail et la consommation, et la procréation de citoyens, la société intervient tout entière pour assurer leurs droits naturels, l'égalité, d'où découle la liberté, droit de disposer de soi-même, et la propriété, droit de disposer des fruits du travail personnel ou transmis, ainsi que de tous les droits politiques, lorsqu'ils auront rempli les conditions que, pour l'utilité commune, la loi requiert de ceux qui les exercent.

On voit par là que la société a été instituée plutôt en faveur des faibles qu'en faveur des forts (1), et que ce serait aller contre l'intérêt des premiers, et renverser l'ordre social, que de confier le droit de gouverner à qui n'en a pas la capacité; ce serait mettre le matelot au gouvernail, et le pilote à la manœuvre. Chez les peuples dignes de la liberté, les supériorités sociales aiment à reconnaître l'égalité devant la loi de tous les citoyens, et les classes inférieures savent respecter leurs magistrats, et se subordonner sans envie, mais non sans émulation, à ceux qui sont élevés au-dessus d'elles par leurs talents, leur fortune et leur industrie. Nul ne peut être humilié par des supériorités qui ont leur source primitive dans l'élection.

Le peuple ainsi compris, la première condition de son existence est, ainsi que celle des individus, d'avoir son MOI, de s'appartenir, et de pouvoir disposer de lui-même.

Nous pouvons maintenant donner la définition de souveraineté du peuple : DROIT QU'ONT

---

(1) Le principe générateur et conservateur de toute société est que les forts ont besoin des faibles, et que les faibles ont besoin des forts.

LES NATIONS DE DISPOSER D'ELLES-MÊMES, EN AGISSANT NORMALEMENT PAR LEURS MAGISTRATS LIBREMENT ÉLUS. Placer la souveraineté du peuple dans la totalité numérique des individus, c'est la rendre impossible, car alors le souverain est sans sujets, et chacun de ses actes requiert l'appel nominal de tous les membres de l'agrégation.

Du principe de la souveraineté du peuple, telle que nous l'avons définie, découlent l'indépendance des nations, la légitimité des rois et l'inviolabilité de leurs dynasties, ainsi que nous allons le voir.

L'indépendance des nations : avoir son MOI, s'appartenir, pouvoir disposer de soi-même, c'est être souverain, c'est être *indépendant.* Les peuples deviennent la propriété d'autrui en passant sous le *droit divin* (1).

La légitimité des rois : du droit de souveraineté des nations naît le droit qu'elles ont d'élire

---

(1) L'ÉTAT C'EST MOI : l'état m'appartient, l'état n'a d'autre volonté que la mienne, Dieu m'a donné la France en toute propriété, et les Français, ame, corps et biens; telle est la série d'idées que renferme le mot de Louis XIV. — *Le titre de roi de France suppose la seigneurie du royaume et de ses habitants*, écrivait l'abbé Sabatier de Castres à Louis XVIII.

leurs chefs, et, de ce droit, la légitimité de ceux-ci; car le droit ne peut engendrer que le droit. S'il était placé ailleurs, les peuples ne seraient plus souverains ; où il serait, serait la souveraineté. Le droit divin n'est que le droit de ne pas avoir besoin d'être élu.

L'inviolabilité des dynasties. L'idée de souveraineté excluant ce qui est contraire à la justice et à la raison, et l'État étant fondé sur la monarchie représentative et la souveraineté du peuple, au-dessus desquelles il n'y a ni principes ni gouvernements meilleurs auxquels on puisse parvenir, le peuple ne peut, sans se nuire à lui-même, sans violer par conséquent la justice et la raison, recourir pour les changer à des révolutions, toujours accompagnées de grands maux, et qui, fussent-elles des plus heureuses, ne pourraient jamais lui donner mieux que ce qu'il a. Ce droit lui appartient d'autant mieux qu'il possède tous les moyens nécessaires pour obtenir, par la réforme, ce que lui refuseraient la violence et l'insurrection.

Si vous faites, à l'exemple de M. le garde des sceaux dans la séance des députés du 7 janvier, dériver l'inviolabilité dynastique du contrat passé entre le roi et la nation, on vous dira qu'aucun contrat ne peut disposer de la volonté des générations à venir; mais si vous faites dériver cette inviolabilité de la constitution même du peuple, et de la nature de sa souveraineté, elle sera alors fondée en droit et en raison, et sur l'avantage permanent du pays. La monarchie représentative n'est pas un contrat synallagmatique entre des parties ayant des intérêts divers, mais une association où sont représentés tous les intérêts démocratiques, aristocratiques et monarchiques, dont aucun ne peut périr sans que la société soit ébranlée dans ses fondements. Or, l'intérêt capital de la monarchie représentative est l'inviolabilité du roi et de sa dynastie.

La souveraineté du peuple, telle que nous venons d'en exposer les effets, est si bien fondée sur la droite raison, que M. de Salvandy, qui en rejette le principe, par horreur des conséquences qu'on en a tirées et de celles que peuvent en tirer encore l'ignorance et la perversité, est ramené par son bon esprit à le reconnaître dans plusieurs endroits de son livre. « Ce droit suprême « et terrible tenu en réserve par les nations, pour « ramener au pacte social méconnu les pouvoirs « insensés et coupables (1). » Vous voyez qu'il l'étend au-delà des limites que nous lui avons assignées. Tel qu'il le comprend, il ne peut, sui-

(1) *Seize mois de Révolution*, page 284.

vant nous, avoir lieu dans la monarchie représentative fondée sur la souveraineté du peuple; il ne peut être invoqué que pour les monarchies à *droit divin*, qu'il dissout lorsqu'elles sont trop coupables, et qui replace violemment l'autorité là où Dieu l'a mise originairement. Par une non moins honorable inconséquence, qui a ses motifs dans la fidélité à ses anciens rois, M. de Châteaubriand répudie le principe de *la souveraineté du peuple*, qu'il qualifie de *niaiserie des libéraux*, tout en proclamant que lui-même est *républicain par principe*, comme si la république n'était pas la souveraineté du peuple mise en action. « Le « véritable républicanisme est la souveraineté « du peuple (1). »

Nous voici à l'établissement de la royauté du 7 août, tel que le présente M. de Salvandy. « La « constitution politique de la France ne fut changée qu'en un point; c'est qu'on fit passer dans « la Charte toutes les modifications de nos lois « que l'opposition avait accoutumé les esprits à « regarder comme des perfectionnements du système représentatif (2). » Si la révolution de 1830

---

(1) *Discours de M. de Lafayette* dans la séance du 3 janvier 1834. La monarchie représentative fondée sur la souveraineté du peuple est la *vraie république*.

(2) *Seize mois de Révolution*, page 195.

n'a fait que modifier la Charte de 1814, pourquoi l'auteur, page 223, en mentionne-t-il le *principe nouveau?* pourquoi, dit-il, page 210, que *la Charte était désormais*, *non plus un octroi de la couronne*, *mais la conquête et le patrimoine de la France?* Le droit de formuler le pacte fondamental, le droit d'élection, la souveraineté du peuple, en un mot, sont donc formellement reconnus par M. de Salvandy.

Son opinion sur les motifs qui firent appeler au trône le duc d'Orléans n'est vraie que pour une moitié; pour l'autre, elle nous semble dénuée de vérité. « Ce que je sais (car tous les « faits et tous les actes l'assurent), c'est qu'il fut « appelé au trône capétien, comme Capétien lui- « même, comme Bourbon possible (1). » En établissant, pour les corroborer, les droits de Louis-Philippe sur sa descendance Capétienne, l'auteur les affaiblit, s'il ne les abolit pas entièrement, puisqu'il y a une descendance Capétienne plus directe que la sienne, au profit de laquelle tourne toute son argumentation. Si le peuple français, en vertu de sa propre souveraineté, n'a point eu le droit d'élire son roi, s'il avait la main forcée par le droit Capétien, le droit divin subsiste,

(1) *Seize mois de Révolution*, p. 195.

Henri V est roi. Mais c'est pour l'annulation de ce dernier droit, retranché dans l'article 14, qu'a eu lieu la révolution de 1830. La victoire remit la France dans son droit primitif d'élection; le droit dynastique usurpé fut aboli, il n'y eut plus de droit Bourbonnien, il ne resta que le droit national. Louis-Philippe put donc être élu, et fut élu *quoique* Bourbon. Pourquoi, quoique Bourbon? Parce que seul il pouvait empêcher la guerre intérieure et extérieure, en rassurant la propriété, le commerce, l'industrie, les opinions religieuses du plus grand nombre des Français, et en apaisant les inquiétudes des puissances étrangères. Mais ces avantages, dira-t-on, il les tenait de sa qualité de Bourbon. On ne peut le nier: la nation, avec un instinct merveilleux, distingua les services qu'il pouvait lui rendre en vertu de sa naissance, du droit divin qui pesait sur elle, et qu'elle anéantissait par le fait seul de l'élection, élection d'un roi autre que celui qui se disait tel par droit divin. Ainsi, il fut élu, *quoique* Bourbon, en dépit du droit divin; et, *comme* Bourbon, en faveur des services qu'il pouvait rendre en cette qualité, car rien ne pouvait le dépouiller de ses aïeux (1). Le gratifier d'une lé-

(1) La royauté constitutionnelle transmet plutôt la

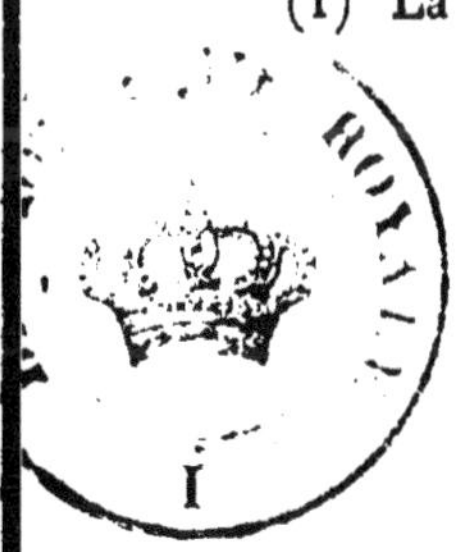

gitimité Capétienne est mal le servir ; nier le bien que sa naissance l'a mis à même de faire à la patrie est ingratitude et mensonge. En l'élisant, le peuple français fit un double acte de souveraineté : il fit un roi, et prononça la déchéance d'un autre.

Il n'est pas si facile de fonder une dynastie : Napoléon lui-même avait le sentiment qu'il ne fondait rien de stable. « Tout ceci, disait-il en « plein conseil d'état, durera autant que moi; « mais après moi, mon fils s'estimera heureux « peut-être s'il a quarante mille francs de rente (1). » Mais, de la difficulté conclure à l'impossibilité, comme l'a fait M. Berryer dans la séance des députés du 9 janvier, est aller au-delà de la vérité. Les faits, plus éloquents que lui, montrent que des révolutions faites contre le principe du droit

---

dignité généalogique que le pouvoir social, lequel, en dernière analyse, est exercé par la nation, au moyen d'un ministère responsable forcé de marcher avec la majorité. Cette observation répond à l'objection la plus puissante faite contre l'hérédité royale, et qui consiste à dire qu'il est absurde de confier le pouvoir à qui n'aura peut-être pas la capacité de l'exercer. La dignité seule est héréditairement transmise. Le pouvoir est retenu par la nation qui le transfère à volonté.

(1) *Opinions de Napoléon sur divers sujets*, page 15.

divin ont eu un succès plein et permanent. Témoin la révolution d'Angleterre et le trône de Suède vide de ses rois, et sur lequel est assis, maniant assez bien le sceptre, un soldat ci-devant Français. La descendance de Louis-Philippe ne sera pas médiocrement utile à la consolidation pacifique de notre révolution, ce qui le rend si odieux aux légitimistes et aux républicains.

Seconde objection *contre l'unité, l'hérédité et l'inviolabilité de la royauté.* Rousseau a reconnu que le gouvernement monarchique était le plus fort, parce que sa direction était une. La diviser c'est l'affaiblir, et cela avec d'autant moins de raison que, quel que soit le nombre des gouvernants, c'est toujours la prépondérance du plus habile qui fait la décision. Si vous les supposez en nombre pair, et que les voix soient partagées, il ne pourra y avoir délibération, il faudra qu'une voix passe d'un côté ou d'autre, et un seul aura fait pencher la balance.

Le meilleur moyen de réfuter une objection est quelquefois de consentir à en admettre la vérité, sauf à la juger par ses conséquences. Supposons la France régie, dans le système démocratique, par un comité central de neuf membres et aux appointements de vingt-cinq mille francs chacun, ou, dans le système fédéral, par un président jouissant d'une liste civile de quatre cent mille francs, à cent mille francs par dix millions d'individus comme aux États-Unis; jugez de la figure que feront les neuf membres du comité, qui n'aura point recours aux moyens d'imprimer le respect dont usait le comité de salut public, auprès des riches banquiers, des Anglais et des Russes millionnaires, et des ambassadeurs des puissances étrangères; jugez quel effet il en résultera pour la richesse et la splendeur de la capitale et des provinces; jugez si la France en aura plus de considération auprès des autres États. On nous citera peut-être le premier consul, mais il était plus roi qu'un roi, et sa volonté était plus forte et plus une que celle de Louis XIV.

Pour ce qui concerne l'hérédité de la royauté, nous nous contenterons de renvoyer le lecteur à ce que nous avons dit de la royauté élective, des avantages attachés à la stabilité des dynasties, et des inconvénients qui résultent de leur changement. Passons à l'inviolabilité, cette pierre d'achoppement des républicains. Nous la défendrons contre eux, comme nous l'avons défendue contre les légitimistes.

Nous avons déduit l'inviolabilité du roi constitutionnel de son innocuité, dont convient si peu l'opposition républicaine, qu'elle l'accuse d'être l'auteur de tous les maux du pays. Il entend gouverner par lui-même, dit-elle, il est bien juste qu'il réponde des fautes de *son* gouvernement. C'est en remontant à l'origine du pouvoir du roi, en étudiant la nature de ses attributions, que nous espérons montrer qu'aucun de ses actes publics n'est sujet à la responsabilité, et que, soit qu'il représente l'unité sociale en *régnant*, soit qu'il dirige la machine politique en *gouvernant* (nous déterminerons le sens véritable de ce mot), soit qu'il fasse *administrer*, il ne peut y avoir en lui culpabilité, et que cette immunité, indivisible de ses fonctions, ne compromet en rien la sûreté de l'État, et n'assure point l'impunité aux fautes du gouvernement.

La société a une double existence : existence collective, existence individuelle. La première, qui est nulle dans les démocraties, fait la force, la splendeur et la sûreté des monarchies; le roi en est la personnification; c'est en représentant l'unité sociale qu'il *règne*, mot emportant l'idée d'une puissance, d'une force, d'une dignité hors de pair, puisqu'elle est celle de la puissance, de la force, de la dignité de tous.

L'imagination des peuples de tous les temps l'environna d'une sorte de culte qui ne fut point idolâtrie, mais poésie politique. Cette fiction, si l'on peut nommer fiction ce qui sort nécessairement de nos facultés sociales, fait resplendir sur le présent une auréole de gloire, dont les rayons éclairent et remplissent l'intervalle qui le sépare du passé et de l'avenir. Que ne doit point la France, la France même d'aujourd'hui, à la gloire de Louis XIV! La Prusse ne doit-elle pas à Frédéric II d'être comptée parmi les puissances du premier ordre, et peut-être même son indépendance? De cette providence invisible du roi qui *règne*, ne peuvent dériver que des bienfaits. Il ne peut donc être responsable envers les peuples. Ceux-ci sont plutôt responsables envers eux-mêmes, lorsqu'ils souffrent qu'il soit porté quelque atteinte à son inviolabilité.

Le roi qui *gouverne*, ou plutôt dont la pensée *dirige* le gouvernement, sera-t-il également inviolable? Attachons d'abord au mot gouverner sa véritable signification. Ainsi que tous les mots par la suite figurés, il a commencé par être pris au sens propre : *Gouverner un navire*, *gouverner sa barque*. On a dit ensuite métaphoriquement : *Gouverner un empire*, *gouverner ses affaires*. Cette dernière signification a participé de la signification primitive qui renferme deux idées bien distinctes, celle d'un acte positif, et celle d'une direction intellectuelle. Le pilote, qui gouverne un navire, meut effectivement le gouvernail, mais sous la direction intellectuelle du capitaine. Dans le gouvernement du vaisseau de l'État, le roi a la pensée, la direction intellectuelle, le ministère est le pilote qui meut le gouvernail. Mais le roi, en agissant sur les ministres, n'agit pas sur des êtres passifs; ils sont libres, soumis à leur propre raison, et maîtres de suivre ou de ne pas suivre la direction qui leur est donnée. C'est ainsi que les lois de l'univers impressionnent les créatures humaines, sans leur ôter la liberté, ni par conséquent le mérite ou le démérite de leurs actions. L'acceptation volontaire du ministère de la part des ministres, la connaissance des conditions attachées à leur gestion, le pouvoir de quitter à chaque instant leurs places, fait avec justice peser sur eux la responsabilité de leurs actes, auxquels avec leur signature ils apposent le sceau de la détermination de leur volonté. Ils doivent savoir que c'est l'inviolabilité royale, chose sacrée pour l'État, qui a nécessité leur responsabilité, qui leur a ouvert, ainsi qu'à toutes les ambitions honorables de leurs concitoyens, la plus belle des carrières, telle qu'aucun autre gouvernement, pas même celui des États-Unis, n'en peut offrir de pareille (1), et qui fait d'eux des fonctionnaires indépendants, au lieu que sans elle ils ne seraient

(1) Canning et Périer n'avaient rien à envier à Jefferson et à Jackson, et les autres ministres français et anglais vont de pair avec toutes les supériorités politiques des étrangers.

que de simples officiers de la couronne. Ce n'est pas payer trop cher d'être roi après le roi, que de répondre du mal qu'ils font.

Cette distinction entre la direction du roi irresponsable, parce qu'il ne produit par lui-même aucune action gouvernementale positive, et l'action réelle et responsable des ministres, est si bien conforme à la raison, entre si bien dans l'esprit de l'ordre social que la loi, pour des motifs mille fois moins impérieux, l'a laissé s'introduire dans la presse, et que les journalistes qui déclament le plus contre l'inviolabilité royale (1), sont ceux précisément qui en font leur profit. Ils dirigent la rédaction de leurs journaux, et ils ont des gérants responsables qui les signent; ils font les articles, et les gérants vont en prison.

Ils ne sont pas moins injustes lorsqu'ils veulent empêcher le Roi d'assister à son conseil, et de le présider dans les grandes circonstances. Comment pourra-t-il diriger le gouvernement s'il ne connaît ni ses ministres, ni les affaires? où pourra-t-il mieux apprendre à les connaître

---

(1) Avec une inconséquence semblable ils déclament contre le salaire des ouvriers et ils n'en continuent pas moins de salarier les leurs, se gardant bien, comme ils prétendent que la justice l'exige, de leur donner un dividende dans leurs bénéfices.

que dans les réunions où ils débattent lès questions les plus importantes? Lui ôter ce droit, c'est être athée en royauté, c'est vouloir faire des rois à la manière des dieux d'Épicure, dieux tout-à-fait étrangers à la direction des choses humaines; c'est bien là aussi leur pensée secrète: il leur faut un roi inutile, pour qu'on voie combien il est facile de s'en passer, et se trouver ainsi tout d'un coup au beau milieu de la république.

« La personne du roi doit être sacrée, parce « qu'étant nécessaire à l'État pour que le corps « législatif n'y devienne pas tyrannique, dès le « moment qu'il serait accusé ou jugé, il n'y aurait « plus de liberté.

« Dans ce cas, l'État ne serait point une mo« narchie, mais une république non libre (1). »

Les rois constitutionnels sont non-seulement politiquement inviolables, ils le sont encore par l'instinct des nations qui se sentent identifiées avec eux. Nous en appelons à la confiance publique : ce ne fut ni le peuple anglais ni le peuple français qui envoya à l'échafaud Charles Ier et Louis XVI; mais la faiblesse de quelques hommes, fascinés par la terreur comme par l'œil

(1) *Esprit des Lois*, livre XI, chapitre VI.

du tigre ou du serpent, et les passions politiques s'appuyant sur de faux principes. Toutes les conséquences de ces deux grands attentats mises à part, qui n'aurait horreur d'y avoir participé?

TROISIÈME OBJECTION. *Violation de l'esprit de l'établissement du 7 août.*

S'il était possible de se rappeler le contenu des quelques millions de feuilles quotidiennes que la presse a fait pleuvoir sur nous depuis trois ans et demi, et si, en même temps, il était possible d'ignorer ce qui se passe présentement, on croirait notre pauvre France réduite aux abois, et à son dernier degré de misère et d'abaissement. De quelles prédictions sinistres n'a-t-elle point été l'objet? que d'avertissements menaçants! quelles philippiques contre le gouvernement! que de crimes entrevus! que de trahisons soupçonnées! Certes, si la centième partie de ce qu'on a reproché au ministère était vraie, il mériterait le sort de celui du 8 août. Mais le temps a soufflé sur ces nuages chargés de foudres impuissants et les a dissipés. Les faits, seuls prophètes irrécusables en politique, sont venus nous montrer la France tirant de ses agitations même, la preuve de la force et de la bonté de son gouvernement, voulant la liberté par l'ordre et l'ordre par la liberté, ses quatre cent mille soldats, ses deux millions de baïonnettes citoyennes, et, sous leur égide et celle des lois, le travail et le commerce reprenant leur activité. Après ce désappointement de l'opposition, il sera curieux de jeter un coup d'œil rapide sur ses *in-folio* accusateurs réduits à leur simple expression : ceux qui avaient entendu les *clameurs si hautes* de la montagne de la fable, ne furent sans doute pas fâchés de voir la souris qu'elle avait enfantée.

Ingratitude envers les vainqueurs de juillet. Si vous distinguez les combattants de juillet de leurs chefs, je ne vois point en quoi les premiers auraient à se plaindre ; ils ont été honorés et récompensés par les chambres ; leurs veuves et leurs familles ont été pensionnées ; un grand nombre de ceux qui pouvaient remplir des emplois les ont obtenus. Nous ne dirons cependant pas qu'une justice distributive rigoureuse ait été observée à leur égard ; nous ne tenons le gouvernement ni pour impeccable, ni pour infaillible. Nous pensons même que les premiers ministères ne se sont pas assez confiés à la révolution qui venait de se faire, qu'ils ne se sont point donnés à elle pleinement et franchement. Leur réponse est sans doute toute prête, ils diront que les séances de l'Hôtel-de-Ville leur avaient appris à quelles exigences républicaines ils avaient affaire, que s'y abandonner était livrer le trône à ses ennemis, et que les événements n'ont que trop justifié leurs appréhensions. Quant aux principaux acteurs qui revendiquent la gloire de juillet, je puis en parler avec connaissance de cause, ayant observé de mes propres yeux ce qui s'est passé à cette époque. J'ai parcouru les rues de Paris les 26, 27, 28 et 29, et je n'ai guère vu de chefs qu'après la victoire. La justice veut qu'on dise que le *Temps*, le *Globe*, le *National* ont bravement ouvert et soutenu la lutte. Mon fils, le 27, avait réuni et commandait les gardes nationaux de son quartier, qui lui en ont donné l'honorable témoignage. Quand tout fut fini, se présentèrent les anciens officiers.

Cependant, il y avait eu un prélude à la grande semaine. 221 députés avaient osé, dans leur adresse, attaquer le ministère du 8 août, et résister avec énergie et respect aux volontés de Charles X. Les colléges électoraux consultés les avaient confirmés dans leur précieuse mission. Sans leur courage et celui des électeurs, juillet aurait été vaincu sans combat. C'est ici qu'il y a ingratitude : l'opposition a poursuivi de ses outrages et le corps électoral et ses illustres mandataires. Le président actuel de la chambre des députés, soldat dans cette illustre phalange, a eu son domicile violé, et a été obligé de se dérober aux poignards des assassins.

Les républicains et les demi-républicains qui se plaignent de ne point avoir été récompensés pour la part qu'ils ont prise à l'élévation du duc d'Orléans sur le trône, s'accusent eux-mêmes d'inconséquence. S'ils pouvaient à leur gré constituer la France en république ou en monarchie, ne s'étant point décidés pour la première, ils ont violé leur conscience et leurs principes; s'ils n'en avaient pas le pouvoir, en vertu de quoi réclament-ils le prix d'un service qu'ils ne pouvaient rendre?

Promesses de juillet. Programme de l'Hôtel-de-Ville. Qui a fait ces promesses et ce programme? qui en a eu le droit? quelles sont ces promesses et ce programme?

Qui a fait ces promesses et ce programme? Ceux qui, en élevant les barricades, travaillaient pour eux et non pour la France, à qui ils voulaient imposer leurs systèmes.

Qui avait le droit de faire ces promesses et ce programme? La France, la France seule qui a voulu la Charte avec une monarchie héréditaire.

Quelles étaient ces promesses et ce mystérieux programme? Des violations de la Charte : le 7 août les a anéanties, il a fait ses promesses et son programme, en donnant à la France avec la

Charte, une sage liberté et des institutions démocratiques, aristocratiques et monarchiques, c'est-à-dire constitutionnelles, qui recevront leur complément dans la présente session législative.

Système du 13 *mars. Ministère du* 11 *octobre. Pologne. Belgique. Allemagne. Italie.* Tout gouvernement, s'il ne veut aller à tâtons, doit avoir un système. Le ministère Périer eut le sien, celui qui nous a conduits où nous sommes, et que l'opposition vient elle-même d'approuver, en votant l'adresse au Roi. Elle avait aussi le sien, peut-être meilleur, mais qui n'a pas prévalu. Je ne crois point que la France, dont il jouait les destinées, en ait beaucoup de regrets.

Le ministère du 11 octobre a continué le système du 13 mars. De même que l'opposition avait foudroyé celui-ci par la terrible qualification de système du *juste-milieu*, de même elle a écrasé l'autre sous le poids du mot *doctrinarisme.* Qui ne sent l'irrésistible puissance des preuves que renferment deux mots tels que *juste-milieu*, *doctrinarisme* ? Il est malheureux que le *Courrier*, qui n'avait fait faute de se servir de cette arme redoutable, vienne de nous déclarer qu'il n'y a point de doctrinaires, ou qu'au moins ils sont en petit nombre. Peut-on ainsi se moquer du public, et employer plusieurs années à gâter le bon sens d'une nation, en donnant à des mots qui sont le résumé de la morale des siècles, d'odieuses interprétations? La *modération*, dans tous les temps, dans tous les lieux, fut la vertu des sages ; on en a fait l'apanage de ce qu'il y a de plus vil et de plus honteux dans notre espèce. Les *doctrines* ont toujours été regardées comme les compagnes de la sagesse, on en a fait les armes des lâches et des méchants. L'*ordre* fut toujours le pivot de la société, on l'a donné en risée au peuple pour l'amener à l'anarchie et au désordre. Le *serment* fut le sceau de la vérité chez tous les peuples, on en a méconnu la sainteté. Chez les républicains, à Sparte, à Rome, la royauté était vénérée, et des écrivains, malheureux surtout lorsqu'il leur arrive d'avoir de l'esprit, vont jusqu'à jouer sur la prononciation du mot roi, pour rendre ridicules et celui qui le porte et la première de nos magistratures, sans égard pour la majorité de leurs concitoyens, amis des institutions qui nous régissent. Le moment de la justice commence à venir; on est révolté de ce complot contre le bon sens et la morale publique, on est dégoûté de cette violation des convenances, et l'on ensevelit sous le mépris et sous la honte d'aussi intolérables turpitudes.

Ces prédications quotidiennes subversives, ces mensonges systématiques ont porté leurs fruits à l'extérieur et à l'intérieur. Ils ont troublé la France et arrêté la production de la richesse, appelé à une lutte inégale l'infortunée Pologne que nous ne pouvions secourir, retardé l'émancipation de la Belgique, peuplé les prisons du despotisme d'hommes courageux, coupables d'imprudentes démonstrations, restreint ou anéanti la liberté de la presse dans presque toute l'Europe, entravé l'action et menacé l'existence des constitutions représentatives d'Allemagne, et suspendu le mouvement progressif de la civilisation.

Rétrogradation vers la restauration. Témoin la loi sur le bannissement des Bourbons, la garde nationale, l'instruction primaire, l'organisation municipale et départementale.

Oppression de la presse et de la liberté individuelle. Qui dit en France qu'il y a oppression de la presse? L'opposition. Qui dit qu'il y a licence? La conscience et la voix publique.

Qui dit qu'il n'y a point sûreté individuelle? Ceux qui conspirent en plein jour, qui se vantent tout haut de rendre le gouvernement impossible; qui se flattent de le renverser bientôt, qui tirent des coups de fusil dans les rues aux soldats et à la garde nationale. Voilà ceux qui portent atteinte à la sûreté et à la liberté des citoyens.

Trop grande élévation du cens électoral. Aristocratie bourgeoise. Les partisans les plus intrépides du suffrage universel refusent le droit de voter aux prolétaires ne payant aucune espèce de cens, et ils en excluent toutes les femmes en masse. Mais les prolétaires ne sont-ils pas hommes et citoyens ? Trois francs d'imposition donnent-ils les capacités électorales ? Les femmes qui votent au Canada en faveur des lois anglaises (1) sont-elles en France d'une nature inférieure et n'y forment-elles pas la moitié de la nation ? Où est ici la logique des raisonneurs radicaux ? S'il est une vérité incontestable, c'est que l'existence elle-même de la société, le premier de tous les principes politiques, donne nécessairement pour bornes au droit d'élection les garanties et les capacités. Ces bornes, il faut les reculer autant que possible, ce qui ne peut avoir lieu qu'au moyen du travail, des mœurs et des lumières, fruits du temps, de la législation et de l'instruction.

---

(1) Elles ont senti que leur place est dans leurs ménages et non dans une assemblée d'électeurs, et elles n'ont que par extraordinaire usé du privilége que leur donne la loi. Lorsque M. Enfantin aura trouvé la femme libre, les Françaises auront leurs colléges électoraux, et ce sera le tour des hommes de s'occuper du ménage.

Nous avons en France au-delà de dix millions de propriétaires territoriaux, lesquels, avec leurs héritiers directs, forment une aristocratie de vingt-cinq millions d'individus, ayant chacun à dépenser environ dix sous par jour, grand objet d'envie pour les déclamateurs radicaux ! Quelque petit que soit le lot de chacun, tel est l'effet de la propriété, que c'est dans cette aristocratie rurale que sont assises les bases de la société, et que c'est contre elle qu'ont échoué et qu'échoueront l'émeute et la propagande.

Dans le nombre de trente-trois millions d'individus qui peuplent la France, il n'y en a pas vingt mille qui possèdent dix mille francs de rente en biens fonds, et il n'y en a pas mille qui en possèdent vingt-cinq mille ou au-dessus. Divisez sur la masse totale des Français ces fortunes relativement grandes, vous produisez une misère universelle, et vous n'avez plus ni arts, ni luxe, ni entreprises considérables; je doute même que vous puissiez avoir une armée et un gouvernement. Il est vrai que la république a le remède tout prêt à cet inconvénient; elle donnera à chacun un salaire de deux francs par jour, et chacun sera soldat, chacun gouvernera.

État de siége. Forts détachés. Duchesse de Berri. Nous ne parlons ici ni du mode, ni de l'opportunité de l'application des mesures exceptionnelles, nécessitées par des attaques violentes contre la société, il s'agit seulement du droit qu'a tout gouvernement de recourir à ces mesures. S'il pouvait être contesté, nous en appellerions à l'opposition, qui a demandé l'état de siége pour la Vendée, à Rousseau, à Montesquieu, à tous les publicistes, et au plus simple bon sens, qui montre que, par respect pour la forme des lois, il ne faut pas laisser périr les lois et la société elle-même.

Les *forts détachés*, élevés avec l'assentiment des chambres, et n'ayant point d'abord excité de réclamations, ont, à tort ou avec raison, semblé ensuite une prévision de la nécessité de recourir à des moyens extra-légaux pour contenir une immense population et attenter à son indépendance. Cette mesure a été d'autant plus inopportune qu'on a pensé qu'elle pouvait être avantageusement remplacée par un ou plusieurs camps retranchés placés entre nos frontières de l'est et Paris. Une ceinture de citadelles qui l'enfermeraient dans un maillot de pierre et de fer, lui ôterait sa spontanéité, mettrait en évidence la prédominance de la force brute, attristerait le regard des étrangers, et dépouillerait en partie la capitale de l'ascendant moral qui en fait le foyer de la civilisation. Il est des cas où la justice, plus encore que la prudence, veut qu'on ménage la susceptibilité d'une nation plus que toutes les autres sensible au point d'honneur. Les Parisiens et la France n'oublieront pas l'engagement qu'ils prennent en criant : A BAS LES FORTS DÉTACHÉS !

S'il n'y avait point nécessité d'élever des forts, y en avait-il de paralyser les lois en les faisant taire devant la duchesse de Berri, prise, pour ainsi dire, les armes à la main, et en délit flagrant de conspiration ? Envoyée devant la cour d'assises, ou elle aurait obtenu un verdict d'acquittement, et les Bourbons auraient été jugés être encore des maîtres, libres de conspirer, et supérieurs à nos institutions ; ou elle aurait été déclarée coupable d'un crime pour lequel la loi prononce la peine de mort. Il n'est pas un seul Français qui ne frémisse d'horreur à l'idée seule de l'application de cette peine. Elle aurait eu recours en grace, dira-t-on, et cette peine aurait été commuée en celle de l'exil, ou en une prison perpétuelle si elle eût forcé son ban. Cette condamnation à la peine capitale, cette grace plus dure que la mort, prononcées envers une proche parente de la famille royale !... Ah ! la France ne veut pas d'une telle justice envers une femme !... L'esprit de parti anti-dynastique a pu seul y voir de belles espérances à réaliser : les rois de l'Europe assis par représentant sur la sellette de la cour d'assises, et une consternation universelle !

QUATRIÈME OBJECTION. *Petit nombre prétendu des Français attachés à la Charte de* 1830.

Certaines illusions d'optique montrent aux yeux deux soleils ; il en est de même des illusions de l'esprit de parti, qui crée deux Frances, dont l'une, toute légitimiste, appartient aux absolutistes ; l'autre, toute républicaine, appartient aux républicains : laissons-les s'abuser de ces visions, il n'y a qu'une France, qui n'appartient qu'à elle-même, et qui a voulu et veut la Charte de 1830. Si la majorité des Français était républicaine, il y a long-temps que la France serait républicaine. Si cette majorité était légitimiste, il y a long-temps que l'absolutisme serait rétabli parmi nous. Chaque jour les nuances les plus faibles des partis s'effacent en se fondant dans l'opinion générale. La France n'aura toute sa puissance que lorsque cette fusion sera complète. Le gouvernement peut en accélérer le moment, en ne connaissant d'autre parti que celui de la loi.

CINQUIÈME ET DERNIÈRE OBJECTION. *Malheurs produits par la révolution de* 1830.

Toutes les révolutions, on ne peut le nier, troublent ou renversent l'existence d'un grand nombre d'individus, et c'est pour cela qu'elles ne sont permises que lorsque le gouvernement est incompatible avec la sûreté et la liberté publique, et qu'elles offrent la chance de passer à un ordre de choses plus favorable à l'intérêt général. Voilà ce qui a rendu la révolution de 1830 nécessaire et conforme à la justice et à la raison.

Le bienfait inappréciable qui en est sorti comme conséquence directe, a été d'établir le gouvernement sur le principe de la souveraineté du peuple, et de rendre ainsi pour l'avenir toute révolution irrationnelle, en tant que contraire au bonheur de la société.

Les maux qu'elle a causés, moindres qu'on ne l'a dit, et dont doivent s'accuser un grand nombre de ceux qui s'en plaignent, vont chaque jour décroissant et font place à de nombreuses améliorations. Qu'on songe que la révolution d'Angleterre de 1649 fut principalement religieuse, que celle de 1688 ne fut que politique et dynastique, et que la nôtre, qui a été religieuse, politique, dynastique et sociale, a remué la société jusque dans ses fondements, en a mêlé tous les éléments, et n'a pu trouver une assiette fixe qu'après beaucoup d'oscillations.

Celui qui a espéré voir, le lendemain d'une révolution, éclore tous les biens à la fois, la liberté, le commerce, les arts, l'industrie et la richesse, n'a guère connu ni la nature humaine, ni l'histoire. Celle-ci nous apprend que ce n'est que lorsque les peuples ont invariablement établi leur liberté civile, politique et religieuse, qu'ils se livrent sans réserve et sans distractions aux travaux qui produisent leur bien-être positif.

L'observation et l'histoire nous apprennent aussi que toutes les idées qui agitent profondément une nation et qui sont destinées à en modifier les mœurs, n'ont leur résultat définitif qu'à la quatrième génération, dans laquelle entre la France de la révolution. Cette considération, que nous croyons neuve, mérite quelques développements dans lesquels nous allons entrer.

En prenant le terme moyen des mariages qui ont lieu dans les divers pays, on trouve qu'ils ont lieu vers la vingt-cinquième année, et que c'est à cette époque que les individus, se renouvelant dans d'autres eux-mêmes, renouvellent successivement leur nation; et comme les plus longues vies n'excèdent pas un siècle, il s'ensuit, qu'à l'exception des ultra-centenaires, rares débris des temps passés, arbres antiques restés debout après la coupe de la forêt, tout peuple finit et recommence tous les cent ans, toujours le même par les enjambements des générations, toujours divers par les vicissitudes qu'elles éprouvent, toujours vieux par la première, toujours jeune par la dernière de chaque siècle.

Ainsi, en comptant des générations de vingt-cinq ans, au lieu de trente, comme on le fait communément, tout peuple est composé de quatre générations, dont chacune reçoit l'influence de celles qui précèdent. On ne connaîtra bien la toute-puissance de cette influence qu'en étudiant leur formation et en quelque sorte leur contexture.

La première génération est composée d'individus d'un à vingt-cinq ans, la seconde de vingt-six à cinquante, la troisième de cinquante-un à soixante-quinze, et la quatrième de soixante-seize à cent. La première correspond à l'enfance et à l'adolescence, la seconde à l'âge viril, la troisième à l'âge mûr, et la quatrième à la vieillesse. Toutes, elles ont les affections, les mœurs et les goûts de leurs âges. La première est le temps de l'indépendance et des illusions, la seconde celui de l'action et de l'ambition, la troisième de l'examen et de la critique, la quatrième du jugement et des conclusions. Dans cette série continue d'existence, il y a des hommes de la première, de la seconde, de la troisième, etc., etc., etc. année de la première génération, il y a des hommes de la première, de la seconde, de la troisième, de la quatrième, etc., etc., année de la seconde génération, et ainsi de suite pour la troisième et la quatrième génération, de sorte que depuis l'enfant d'un an jusqu'au centenaire, tous les intervalles sont remplis pour former un peuple homogène, composé d'éléments sans cesse renouvelés, et produisant d'autres générations au milieu des anciennes; ainsi les couches concentriques du chêne ne forment qu'un seul arbre qui pousse autour de lui ses rejetons.

Chaque génération est ou a été la première de son siècle, et s'est ainsi trouvée dans la dépendance des générations venues avant elle ; pendant dix-huit ans elle n'a point eu de spontanéité; elle a reçu les idées et les opinions d'autrui qu'elle s'est identifiées ; elle est ce que l'a faite l'éducation. De dix-huit à vingt-cinq ans la surabondance de ses forces l'arrache à sa dépendance et la livre à l'enthousiasme et aux illusions. Ceci explique deux faits : 1° la puissance du passé sur les croyances et sur les mœurs, et l'impérissable durée des traditions fondées sur la nature humaine; 2° l'identité des admirateurs des hommes du même âge, qui tous, de dix-huit à vingt-cinq ans, époque de féerie, ont vu des peintres, des poètes, des chanteurs, des chanteuses, des danseurs, des danseuses, merveilleux et incomparables astres d'une période s'éclipsant dans les périodes suivantes, qui les dépouillent des rayons de leur gloire, et ne décernent l'immortalité qu'a ce qui est beau et bon dans tous les temps.

Les siècles antérieurs ont-ils fait dans un peuple germer et éclore une idée féconde en résultats sociaux, ou a-t-elle été trouvée spontanément par quelque génie supérieur? Soudain la portion la plus avancée de la jeune génération s'en empare, s'en pénètre, et la proclame avec enthousiasme; la seconde génération, née pour l'action et l'expérience, la met en œuvre et en essaie les avantages et les inconvénients; la troisième la soumet à une critique sévère, fait le départ du bon et du mauvais, et la livre à la sanction de la quatrième génération, qui la transmet ainsi épurée à la jeune génération contemporaine qui surgit sur le théâtre de la vie, lorsqu'elle-même en sort, pour être adoptée sans réserve par les siècles à venir et faire l'héritage du genre humain. Ce ne fut qu'au bout de cent ans que le christianisme acquit assez de force pour donner de l'inquiétude aux Césars et exciter les persécutions de Domitien; les sciences physiques prirent un siècle entre Galilée et Newton pour leur complet développement; Jean Hus, aux premières années du quinzième siècle, commença le protestantisme, et Luther l'accomplit dans le premier quart du seizième; de Charles Ier qui porta avec lui le germe de la révolution anglaise, et qui fit l'ouverture de ce terrible drame, jusqu'au prétendant qui en fit la clôture, et pour l'arrestation duquel le parlement promit une somme considérable, vous comptez encore cent ans.

Si vous faites remonter à 1764 l'apparition avec quelque consistance des idées qui ont opéré notre révolution, vous arrivez avec la génération dont elles excitèrent l'enthousiasme à 1789; parvenue à son second âge, elle les mit à l'essai dans l'Assemblée nationale, la Législative, la Convention et l'Empire, et d'expériences en expériences elle arriva à 1814; dans le troisième âge, qui nous mène à 1839, les doctrines réformatrices ont été soumises à une sévère critique, qui a fait le départ du bon et du mauvais, et qui les transmet à la quatrième génération, pour qu'après y avoir donné sa sanction, elle les livre ainsi épurées à la jeune génération contemporaine qui va entrer dans le siècle suivant, et qui les y portera en héritage aux temps futurs. Ainsi la génération qui arrive dans le dernier quart du siècle, et qui est la première du siècle suivant, lie les siècles entre eux comme les générations sont liées entre elles, et toutes ne sont que l'homme collectif ou l'humanité. Vous voyez que l'histoire ne peut être que le récit du développement de l'homme, stimulé par les lois universelles et par l'action du dehors.

Signalons maintenant les doctrines réformatrices qui ont passé par la redoutable coupelle de notre révolution.

Souveraineté du peuple agissant par ses représentants librement élus. — Liberté pour tous, sans d'autres limites que celles assignées par la loi. — Égalité, avec respect pour les magistrats, et subordination à l'égard des supériorités sociales. — Christianisme dépouillé de la rouille des temps, sans fanatisme et sans superstition.

Telles sont les doctrines salutaires dont le corps législatif peut hâter l'initiation en décrétant ce qui suit :

1° RENFERMER LE JURY DANS L'ESPRIT DE SON INSTITUTION, DE SORTE QU'IL N'AIT A CONNAITRE QUE DE L'EXISTENCE ET DES CIRCONSTANCES DU DÉLIT. EN PRONONÇANT sur la culpabilité du prévenu, il INTERPRÈTE OU REFAIT LA LOI, ET USURPE LA SOUVERAINETÉ.

2° STATUER QU'A L'EXPIRATION DES DEUX SESSIONS LÉGISLATIVES, OU PLUS TÔT, S'IL EST JUGÉ CONVENABLE, LE CENS ÉLECTORAL SERA EN PARTIE BAISSÉ JUSQU'A UN MINIMUM QUI SERA DÉTERMINÉ.

3° COUVRIR D'UNE AMNISTIE GÉNÉRALE ET SANS EXCEPTION LES DÉLITS POLITIQUES COMMIS JUSQU'A CE JOUR, AMNISTIE POUR LAQUELLE LE CONCOURS des deux chambres est nécessaire a cause des ministres de Charles X. Le roi ne pourrait seul l'appliquer sans rendre illusoire la responsabilité ministérielle.

4° Faire de l'édifice de la Madeleine la basilique des corps législatifs en mettant sur le frontispice l'inscription suivante : A DIEU, LÉGISLATEUR SUPRÊME. Lors de l'ouverture de chaque session, le roi et les chambres s'y rendraient en cérémonie pour entendre un discours de simple morale religieuse, lequel serait alternativement prononcé par les ministres des divers cultes salariés. Exemple frappant de tolérance et de fraternité ! Par cet acte solennel, le corps législatif donnerait aux lois un caractère de sainteté propre a en inspirer le respect aux peuples. Tout état qui est sans religion ne forme point une nation, et chancelle sur ses bases, Napoléon l'a dit. Croire en Dieu et aimer ses semblables est le plus solide fondement du bonheur individuel et social, et la plus belle prérogative de l'humanité.

Ainsi se présenterait à l'Europe la France de 1834, juste, libre, généreuse et religieuse !

FIN.

TABLE DES MATIÈRES.

FIN DE LA TABLE DES MATIÈRES.

ERRATA.

Page 34, ligne 16, lisez *ces états* au lieu de *les états*.

Page 34, ligne 19, lisez *ils* au lieu de *elles*.

Page 48, ligne 12, lisez *éléments* au lieu d'*aliments*.

Page 62, ligne 15, lisez *fondé sur* au lieu de *fondé par*.

Page 78, ligne 4, lisez *légitimes* au lieu de *légitimés*.

Page 81, ligne 3, lisez *voudront* au lieu de *ne voudront*.

Page 94, ligne 4, lisez *balance* au lieu de *puissance*.

www.ingramcontent.com/pod-product-compliance
Ingram Content Group UK Ltd.
Pitfield, Milton Keynes, MK11 3LW, UK
UKHW021540260726
13993UKWH00002B/559